臺灣歷史與文化研究輯刊

初　編

第15冊

臺灣民間社團與非營利企業之發展及其特色
——以「臺灣科學振興會」及「主婦聯盟生活消費合作社」為討論案例
（1930-2010）

李　永　志　著

花木蘭文化出版社

國家圖書館出版品預行編目資料

臺灣民間社團與非營利企業之發展及其特色——以「臺灣科學
振興會」及「主婦聯盟生活消費合作社」為討論案例（1930-2010）
／李永志 著 — 初版 — 新北市：花木蘭文化出版社，2013〔
民 102〕
目 4+184 面：19×26 公分
（臺灣歷史與文化研究輯刊 初編；第 15 冊）
ISBN：978-986-322-268-2（精裝）
1. 非營利組織 2. 社會運動史 3. 臺灣
733.08   102002950

ISBN-978-986-322-268-2

9 789863 222682

臺灣歷史與文化研究輯刊
初　編　第十五冊　　　　　　　　ISBN：978-986-322-268-2

臺灣民間社團與非營利企業之發展及其特色
——以「臺灣科學振興會」及「主婦聯盟生活消費合作社」為討論案例（1930-2010）

作　　者　李永志
總 編 輯　杜潔祥
出　　版　花木蘭文化出版社
發 行 所　花木蘭文化出版社
發 行 人　高小娟
聯絡地址　235 新北市中和區中安街七二號十三樓
　　　　　電話：02-2923-1455／傳真：02-2923-1452
網　　址　http://www.huamulan.tw 信箱 sut81518@gmail.com
印　　刷　普羅文化出版廣告事業
初　　版　2013 年 3 月
定　　價　初編　30 冊（精裝）新臺幣 60,000 元

臺灣民間社團與非營利企業之發展及其特色

——以「臺灣科學振興會」及「主婦聯盟生活消費合作社」爲討論案例

（1930-2010）

李永志　著

作者簡介

李永志出生於 1954 年。1977 年臺灣師大美術系及 1993 年淡江大學中文系畢業；2005 年自國立淡水商工職校專任教師退休，2011 年於淡江大學歷史系碩士班畢業。

目前為臺灣最老科學團體——臺灣科學振興會「原住民關懷專案」義工，已通過華語「領隊」與「導遊」人員考試，興趣於生態及原住民文化導覽。未來想推廣「公平旅遊」運動，期待有益於臺灣農漁村與原住民部落之「三生」產業振興——從鄉土史地踏查、農漁產銷合作、原民文化關懷等角度，體驗臺灣的多元美好，並紮根於臺灣的永續工程。

提　　要

隨著日本政府引進西方現代化理念，臺灣近現代非營利組織的發展，其歷史尚不滿百年，臺灣本島人在世界民族主義潮流下，從島內臺中設立私立中學，及外有日本東京的「大正民主」風潮衝擊下，開啟了臺灣文化、社會運動史的序頁。

「臺灣科學振興會」是一個完全根源於這塊土地，在 1930 年的日治時代與其他社會、文化運動團體，基於相同的民族主義浪潮，標舉了臺灣科學人的自主性意識而興起的團體——從「臺灣理工學會」而「臺灣省科學振興會」而至「臺灣科學振興會」，經歷八十年，在沒有經濟背景（如信用合作社或財團法人基金）下，艱苦地推動會務，現在雖然元老會員們陸續辭世，後起的會員與理監事們仍然老當益壯，期待繼續服務國家社會，這種臺灣精神是值得珍惜與發揚的。尤其是在目前社會諸多唯利是圖的現象中，老前輩科學家們追求「真」理，而輔以「善、美」的價值表現，更是彌足珍貴。「臺灣科學振興會」是臺灣最早的本土性科學人團體，也是目前中華民國碩果僅存的綜合性科學團體，象徵著臺灣現代化開始的「活化石」非營利組織，它的存在，實有特殊的時空意涵。

「臺灣主婦聯盟生活消費合作社」也是根源於這塊土地的社團，在 1987 年的解嚴時代，一群家庭主婦有感於社會型態的急遽變遷，她們身為社會的一份子，不能再坐視生活週遭的種種環境病態、教育缺失。於是以「勇於開口，敏於行動，樂於承擔」自許，決心從自己做起，來改善環境，提升生活素質，1989 年成立「財團法人主婦聯盟環境保護基金會」。又自 1992 年起，開始規劃結合環境與生產的綠色消費模式，以「共同購買」運動號召參與。至 2001 年底，成立全國性的「臺灣主婦聯盟生活消費合作社」，以環境守護、節制消費及支持有機農業為訴求的新型態合作社。

這是兩個差異很大的非營利組織，例如時代相差近 60 年，成員也有相對男、女比例的偏向——前者偏男性，後者偏女性；目標功能不同——前者偏學術理論，後者偏經濟社會層面；時代的精神也不同——前者偏現代主義，後者偏後現代主義；面對危機不同——前者偏老化收縮，財務又很艱難，後者則偏急速擴張，財務又得心應手。但也有許多同質的因素，例如啟發的背景都與日本社會有關，並根源於臺灣本土的感情，以及關懷臺灣的議題，比較這兩個團體的成立及發展，再與其他營利、非營利組織的歷史發展作出相關統計，我們可以看到臺灣非營利組織發展的歷史梗概，及其「社會運動」精神的演變特色。

致 謝 辭

　　首先要感謝筆者臨退休前，服務學校——淡水商工高職劉永順校長，允許我以在職的身分報考淡大歷史所。退休後，一邊陪伴老母，一邊與年輕同學共度特別的學生生涯，歷經 7 年的學習，如今總算以時間換取空間，圓滿了碩士學位的美夢。

　　這期間的課程裡，感謝歷史系、所的老師們，尤其是我的論文指導黃繁光教授，都能包容我這非本科系，又年歲已是難於記誦的學生，從史學理論到應用歷史，甚至是室外歷史現場的地理勘查活動，多樣化的教學，總能讓我對臺灣歷史的第四度空間，更見一份從熟悉而來的真摯。因此，今後對於現實政治上的紛擾，我已有能力開始擁有自己的主張，對於未來從事的社會工作，也將更能參考史鑑，而不致失去掛單的依據，這都是老師們所給的啓發。

　　這 7 年中因故休學 2 年，感謝張素玢、林呈蓉、尤昭和、吳明勇教授等讓我在沒有分數壓力下，隨班旁聽各種大學專業課程。更感謝在訂定論文方向後，黃繁光、尤昭和、吳明勇教授先指導我撰寫《臺灣科學振興會八十年會史》專書，讓我在論文正式撰稿前，進行了一趟學術技能的操演，而在論文初審時，黃繁光、吳明勇教授更是傾囊相授，指導寫作與爲人之道。論文口試的主任委員——孫炳焱教授是筆者私淑 20 年之久的合作經濟學者，一如本論文的合作事業人道舉例，那種合作世界是筆者憧憬的國度，論文不足的經濟理論與批評方向，孫教授都以倫理價值爲指引。我深知教授們在每一次的批評中，都蘊含讓我進步的養分，而我每次修改論文，也都設法融會貫通，雖時有煎熬痛楚的時刻，總相信這是脫胎換骨的代價，或者告慰自己「不經

一番寒徹骨，焉得梅花撲鼻香」！在此對所有的鞭策和鼓勵，特別致上無盡的謝意。

退休這六年中，有許多特殊的因緣聚會，例如能在十分之二的在職進修名額中，與自己曾任淡水國中教師期間的學生——高健和同榜，班上還有健和任教淡江中學教師時候的學生——鄭睦群，三人有三代師生的情緣，教授我們「臺灣文化史專題研究」的蔡錦堂教授笑說：「我算是四代同堂的『師祖』了。」如今年輕的同學們，多所上進，曾令毅早已在臺師大博士班撰寫論文，還願意在我必要時，撥冗指導，感謝一路陪同我的諸多年輕伙伴。而選上主婦聯盟合作社理事會成員，成為唯一的男性理事，也是值得慶幸的，謝謝那些不知對象為誰的社員代表，讓我體會了男、女團體，確有大不相同的行事風格。謝謝曾任淡大校長的林雲山博士，承蒙他的抬舉，才讓我有機會服務臺灣科學振興會。因此，該二組織也就順理成章，成為我論文的主要內容。

淡江大學是個非常有行政績效的好學校，歷史系、所歷屆主任的關懷與助教的細心，都讓人感念在心。而行政單位中，我最佩服圖書館的服務品質與態度，猶記得國家圖書館找不到的中研院研討會資料，竟在自己學校找到，而館員除了勤於辦理學生應用圖書館資源的各種研習活動外，對於讀者意見反應，也能虛心接受——例如我曾建議比照圖書借閱到期前通知，發給借閱「非書資料」者的 EMAIL 通知。甚至能耐心在電話中服務校外電子資料庫的讀者，自然令人感佩該館服務品質，與對學校的認同。

最後要謝謝我的內人——高曼菲小姐，這段時間內，她不只分擔了更多的家務，還要為了我的一身壓力與情緒，備受委屈，包容我完成這段漫長的學業。

目次

附　圖

第一章　緒　論

壹、引　言

筆者從高中、大學的校園生活中，接觸了許多社團活動的經驗，以致進入社會工作後，並未忘情於社團那種服務人群的衝動，或許是一種先天的稟賦使然，從事與自己學校教師工作有關的社教推廣，甚至是進一步推動非營利組織工作，竟然取代原本大學時期，學習藝文專長，所應走向的創作途徑。

依據筆者經驗，一念之間，創立新的活動計畫，而能帶動地方優良風氣，甚至成為「無心插柳柳成蔭」的社會運動，那種成就與安慰，實在是一種人格發展中，「自我實現」的心理滿足。以去年一場淡水鎮太極拳分會的大會活動為例：會中聽到創會老會長張純化的致辭裡，還不忘記頌揚 25 年前筆者協助同事林正大，一起在淡水國中嘗試推動地方社會太極拳的美意，〔註1〕而後透過這個

圖 1-1

淡水太極拳分會活動（李永志攝）

〔註 1〕 張純化創會長在宣揚 25 年前的「緣起」美事時，並不知道筆者在現場，是故他的稱揚絕不是場面話，而是他不居功的美德，所作回溯根源的「講故事」。筆者在當時正創新辦理類似現在「社區大學」性質的「社區聯合學苑」行政，該「太極拳班」僅是其中一班而已。

團體的創立，以及透過他們幹部相乘倍數的努力，當初由 2 人服務一班的運動，而今更是每天鼓勵數百鄉民運動，甚至連我自己退休後，也再次回鍋受惠，這種「好心有好報」的因果律，是當初始料未及的，因而其社會運動的價值也無法評估。

筆者從事 28 年的學校教育與行政工作，並沒有與社會脫節，對於社會教育與服務，更是不曾中斷。教職退休後，除了一邊進修本研究所的臺灣史課程，一邊仍然投入社會工作，希望學以致用。其中花費心力較多的組織，便是「臺灣科學振興會」及「臺灣主婦聯盟生活消費合作社」兩個單位，前者是最近 3 年擔任了「最後任總幹事與第 1 任秘書長」工作；〔註2〕後者則是最近 6 年進入權力核心——前 3 年擔任其第 2 屆的唯一男性理事，再 3 年則擔任第 3 屆社員代表。〔註3〕

筆者並爲前者撰寫《臺灣科學振興會八十年會史兼論杜聰明歷史地位》一書；也爲後者撰寫〈民主與法治；分權與制衡——三年理事工作行動研究報告〉四萬字心得，以供後來幹部參考。〔註4〕可說筆者一生在非營利組織的歷練，已盡可能給予了這兩個組織，也希望透過本論文，向學術界介紹這兩個具有特色的單位，甚至是呼籲社會大眾，多加參與各種非營利組織，以營造臺灣眞、善、美的國民精神生活。

一、「非營利組織」的定義與特質

「營利」與「非營利」是一種相對的價值取向，經濟學上的「營利」，是指增殖貨幣價值的行爲，也就是私人企業追求的「利潤」，「利潤」又造成財富分配的不均與經濟循環的出現，而資本主義的經濟形成後，財富的生產與分配都操在少數資本家手中，甚至利用民主的制度，資本家插足政治的機會，使得既得利益能獲得政治的保障。〔註5〕近代經濟學的開創人史密斯（A. Smith，1723～1790）說：「每個人都有自利心（Self-Interest）、自愛心（Self-Love）與利他心，自愛心的發揮，以不剝奪他人追求利益的自由爲前

〔註2〕因爲 2010 年由省級轉型爲全國級社團，其「章程」的幹部名稱，由「總幹事」改爲「秘書長」。

〔註3〕第 2 屆理事也曾被選爲常務理事及短暫代理理事主席，其後因責任太重改選社員代表。

〔註4〕本論文涉及合作社內部管理與人事問題，爲免造成不必要困擾，未對外刊行。

〔註5〕趙荷生，《消費合作之原理與實務》（臺北：正中書局，1982 年），頁 29～30。

提，所以自愛心的發揮，應受利他心的節制。」但是這種私利與公益會走向和諧一致的理論，在現實資本主義的發展過程，證明「競爭的結果使競爭消失」，是史密斯始料未及的。〔註6〕也因此社會、經濟，政治失衡的現象中，出現了各種反對面的「社會主義」，還有主張非營利的合作制度與其他非營利組織的理念。

（一）臺灣非營利組織

學人官有垣曾經如此定義說：『所謂臺灣的非營利組織是指，依民法、人民團體法、各種特別法規及相關宗教法規所設立的「非營利社團法人」、「一般性財團法人基金會」、「依各種特別法規所設立的財團法人（但不包括政府捐資成立的財團法人）」、「宗教社團法人」、「宗教財團法人」，且向法院辦理登記完成，享有稅法上優惠的組織稱之，另外也包括依據〈寺廟監督條例〉規定登記為寺廟者。此定義排除了政府組織、中間性社團法人、非法人社團、政黨、政府捐資成立的財團法人、神壇、禪寺、地方教會等組織。〔註7〕

筆者以為官有垣的非營利組織，偏向於法人團體，而忽略內政部於 1989 年《中華民國臺灣地區各級人民團體調查報告》在全國團體中，需辦理法人登計者有百分之 69.32 的比率，只有百分之 12.95 已經至地方法院辦理登記，其他依法本來就是「法人」（如合作社）者佔百分之 30.68，也就是說超過一半以上人民團體，只依據「人民團體法」作社會行政主管機關登記而已。百分之 56.36 的社團，並沒有繼續進行「民法」上的規定——至地方法院聲請「法人」登記，他的非營利組織定義會讓 1989 年，中央與地方合計共 8,916 個團體，將少掉一大半，〔註8〕其實際的困擾，詳見第五章第二節討論。

因此，筆者以為除了政府組織及政府捐資成立的財團法人、私人性的宗教會所（如神壇、廟宇）外，其餘有自治組織之中間性社團法人、非法人社團、政黨、甚至禪寺、地方教會等組織，若無公司分配盈餘的營利性質，皆可稱為非營利組織。

〔註6〕孫炳焱，〈現代社會經濟問題與合作運動〉，《信用合作》第 85 期（臺北：中華民國信用合作社聯合社，2005 年），頁 8～9。

〔註7〕官有垣編著，《非營利組織與社會福利》（臺北：亞太圖書，2000 年），頁 007。

〔註8〕內政部統計處，《中華民國臺灣地區各級人民團體調查報告》（臺北：內政部，1989 年），頁 4～6。

二、「民間社團」與「非營利企業」的範圍

（一）配合案例以「人民團體法」及「合作社法」組織為主要論述

限於筆者個人能力，本文論述團體，以內政部主管「社會團體」及「合作社」事業體爲主，其理由乃因「社會團體」及「合作社」比之「職業團體」有自願性意義，可見自由意識之選擇；而爲數眾多的「基金會」組織，因爲以「財產」爲特色，非以「會員」爲主體，其公民社會之民意基礎，不如「社會團體」及「合作社」之民主管理原則。

明鄭與清領時期，因漢人移民而來的宗族性祭祀組織與地域性神明信仰組織，雖然也是非營利組織及重要的文化要素，但因係歷史悠久的傳統性團體，其與本文強調現代化與本土內涵的主幹，有所不及，故與其他分散在行政院各部會所屬單位的非營利組織，暫時難以著墨，故主要論述，就限制在兩案例爲主的相關歷史。

（二）非營利組織包括互助性非營利企業

內政部曾在民國 49 年以內社字第 20614 號令解釋「合作社爲公益社團法人」，這可能是很少數臺灣人知道的法規，然而世界上的合作社運動者，無不如此經營，日本最廣義的非營利組織，也包括不以營利爲目的，卻從事盈餘分配之互助性組織——即合作社在內。〔註9〕

爲何從事盈餘分配之合作社，還能夠稱爲「非營利組織」？其主要原因，是合作社依法只能服務社員，有其業務限制，例如消費合作社不能對非社員交易，並依交易額比例分配盈餘，等於把先前多收的貨品價格攤還給社員，而非依據股金比例分紅，並無賺取他人利潤之事實。因此有別於「公司」，其服務對象不限於股東，又以股金多寡而論經營權與盈餘分配權。故世界合作聯盟也有它的合作社經營七原則——(1)自願與公開的社員制；(2)社員的民主管理；(3)社員的經濟參與；(4)自治與自立；(5)教育、訓練與宣導；(6)社間合作；(7)關懷社區社會。筆者於第四章第一節再行介紹。

貳、研究的動機與目的

臺灣史研究，本來受限於戒嚴時代的政治陰霾，直到 1990 年代才逐漸突

〔註9〕林素珍，〈我國社會團體設立與監督制度之研究〉（臺北：政治大學行政管理
碩士學程論文，2006 年），頁 20。

破禁忌，而臺灣現代非營利組織的興起，也只是百年內的歷史。是故臺灣社團史的研究，尚屬冷門項目，一如臺灣精神史的研究，都是尚未被充分探索的園地。〔註10〕

一、關心國家政治民主化的公民社會環境

國家政治民主的參與，法律上人人雖有平等的權力，然則在資本主義社會，沒有經濟能力的平等，便難有政治參與的機會，然而民主國家的經濟弱勢者，到底還有另一種結社自由權，可以在政府組織外，實踐另一種非政府組織的民主管理，獲得類似從政的體驗，這便是非營利組織的公民社會功能——得以讓對政治或社會有理想者，遂其所願，以求取自我理想的滿足與拓展，並且透過組織達成所謂「壓力團體」，對政府政策與議會決策進行褒貶，這種多元管道的救濟方式，可說是建立現代民主與法治社會的基本特色。現在公共政策學界，所新興的「公民社會與民主政治的相互建構」〔註11〕、「社會資本與民主政治」〔註12〕、「第三部門與國家發展」〔註13〕等研究，便是這個區塊。

參與 18 年的綠色消費運動，已是筆者生命中的一部分，臺灣主婦聯盟生活消費合作社之前身——「綠主張公司」，是在當時合作社法規限制下的權宜體制，前輩們不避諱地說是學習日本「生活俱樂部合作社」，所以不得已先後成立「生活者公司」、「綠主張公司」與「臺北縣理貨勞動合作社」等組織相互為

圖 1-2

筆者於 2007.06.21 以代理理事主席身份
致「共同購買」運動 15 週年祝辭
（攝者不明）

〔註10〕廖正宏、黃俊傑，《戰後臺灣農民價值取向的轉變》（臺北：聯經，1992 年），頁 6。

〔註11〕丁仁方，〈公民社會與民主政治的相互建構——日本與臺灣近年來組織性公民社會發展之比較〉，收入林文程，《臺灣民主季刊》第 4 卷第 2 期（臺北：財團法人臺灣民主基金會，2007 年），頁 1～30。

〔註12〕楊湘齡，〈社會資本與民主政治：臺灣的案例研究〉，淡江大學公共行政學系公共政策碩士班碩士論文（臺北：該校，2007 年）。

〔註13〕陳定銘，《非營利組織、政府與社會企業：理論與實踐》（臺北：智勝文化，2007 年），頁 13～46。

用。其後因爲精省及該社之發展等時空變化，已可成立全國性合作社，所以終於能夠回復本來的「生活消費合作社」面目。

然而，對原本依公司法而來的「總公司」內部「員工」經營理念，以及個人出資成爲連鎖店性格的私人「取貨站」，〔註14〕其投資社員的經營主體是否存續，都必須調整改變，卻也造成不少矛盾、衝擊——「總公司」轉型爲「總社」，被要求依據世界合作聯盟訂定「合作社經營七原則」來經營；「取貨站」被內政部要求轉型合作社直營，這些問題，便是現在所有社員必需共同面對，與學習轉型正義的課題。

筆者也發現，這群臺灣女性合作社運動者，在組織規模擴大以後，其面對組織轉型的「角色」適應上，是明顯有所徬徨與衝突的一面，尤其對於合作社的民主管理原則，目前尚有若干筆者以爲是「程序正義」與「實質正義」的問題，尚待更積極的研究與落實。

對已轉型的合作社而言，不只要關心社外消費與生產環境變化；還要關心社內社員、職員推動運動的內省方向，未來的困難不只在生產、生活、生態外在環境的保護，也涉及個人內心對於合作社運動的信仰，以及包容不同意見的精神修爲，這就是筆者很有興趣去發掘，並探討這群臺灣女性合作社運動者，其精神殊異於男性的地方。

二、期待於國內非營利組織的蓬勃發展

結社本來就是一種人類生存的社會本能，用以爭取團體自我理想的實踐，而隨著世界「民主化」政治體制的興起，結社自由成爲一種人權標準，1930 年「臺灣理工學會」成立，其時代背景，乃在於當時日本政府的政治、經濟、社會、文教等措施，與臺灣同胞社會運動的衝擊結果。1945 年日本戰敗後，「臺灣理工學會」改組爲「臺灣省科學振興會」，而後 2010 年又改制爲「臺灣科學振興會」，在這經歷不同政權的漫長歲月裡，這些組織形態與名稱的改變，都有人民團體因應統治者政策與社會變遷的適應軌跡，研究它的歷史，顯然可以發現臺灣史上，許多層面的意涵。

臺灣自 1949 年 5 月 20 日起，由陳誠實施戒嚴令，一直要到 1987 年「解

〔註14〕該合作社在創業「公司」階段，除了總公司的中樞所在，其分支門市店面有兩種資本形式——直接由總公司出資經營的門市賣場稱「好所在」。另由 3、5 社員自行出資，成爲「加盟」形式者稱「取貨站」，自負盈虧，不同於前者的盈虧由全體社員分擔與分享，「取貨站」並不符合世界合作社經營之原則。

嚴」以後，始能從人民團體的成長數量上，來具體顯示人民眞正擁有結社的自由。顧忠華稱道：以「公民」身分組織起來的各種公益社團、基金會，在往後十餘年，如雨後春筍般紛紛出現，顯示了「本土公民社會」的旺盛活力。〔註15〕

擔任內政部官員，兼社會工作學者的陳武雄認爲：人民團體的組織與活動，係結合各業民眾，發展會務、業務，以增進感情、貢獻智慧、團結合作、服務互助及造福會員爲主旨；而以溝通民意、推行政令、進而促進社會和諧、達到建設國家爲依歸。〔註16〕這也許是從官員角度看人民團體對政府社會福利功能「輔助」與「工具」性格的一面。但是，從人民團體的「自主」性結社功能觀察，它又何嘗不具有監督政府、表達民意、形成壓力團體，以改變政府決策的功能？甚至國際性社會團體更被研究學者稱爲「結社革命」（associational revolution），將有助於世界民主化浪潮與形成「全球公民社會」。〔註17〕

根據國際協會聯盟的統計，目前全球約四萬四千個國際非政府組織，其中有二千多個獲得聯合國及其體系下專門機構的諮詢地位，對於「全球治理」理念的實踐，扮演了舉足輕重的角色。〔註18〕國際非政府組織，所關切涵蓋的價值事項包括：民主推動、人權保護、文化交流、新聞資訊、醫療衛生、環境保護、經貿投資、科技交換、國際勞工、人道救濟、難民保護、宗教交流。

陳隆志新世紀文教基金會董事長陳隆志強調：「在全球化、民主化、全球治理的趨勢下，臺灣的民間力量已漸漸增強、公民社會已逐漸生長，臺灣人民具備了與國際社會交往的能力，可積極參與國際非政府組織，善盡世界公民的責任，與其他國家人民，共同致力於全球問題的妥善解決、人類的合作及世界的和平。」〔註19〕這是對待非營利組織，何等的熱切期待，然而現實

〔註15〕顧忠華，〈二十一世紀非營利與非政府組織的全球化〉，收入吳英明、林德昌，《非政府組織》（臺北：商鼎文化，2001年），頁19。

〔註16〕陳武雄，《人民團體經營管理》（臺北：揚智文化事業公司，2003年），頁3。

〔註17〕蕭新煌，〈全球民間社會力——臺灣非政府組織與國際社會的改革〉，收錄於吳英明、林德昌主編，《非政府組織》（臺北：商鼎文化，2001年），頁4、8、15。

〔註18〕陳隆志，〈序〉，收入吳英明、林德昌，《非政府組織》（臺北：商鼎文化，2001年），頁4。

〔註19〕陳隆志，〈序〉，吳英明、林德昌編，《非政府組織》，頁4。

上，臺灣的非營利組織發展，仍待政府管理政策與法律的強化，以及民間支持上的共識努力。

參、研究內容範圍、方法與限制

一、本研究內容範圍

（一）論述兩個特色組織的歷史脈絡與精神

介紹一個從 1930 年成立迄今 2010 年的老團體，自「臺灣理工學會」，而「臺灣省科學振興會」，而「臺灣科學振興會」的 80 年會史。以及介紹一個只有 18 年發展的新團體，卻以每年超過 3,000 人以上的速度，積極發展的女性團體——自「主婦聯盟環境保護基金會」而「綠主張公司共同購買中心」而「臺灣主婦聯盟生活消費合作社」的 18 年社史，他（她）們都是很有精神特色的非營利組織。

（二）提出合作社事業在非營利組織中的財務永續特性

中華民國現在的有效統治權，僅及於臺、澎、金、馬，不管是「統派」與「獨派」的政治主張，都沒有辦法否認「小國寡民」的事實，因此，想要「小即是美」的境界，〔註 20〕不能不考慮這裡的有限資源，是否只操縱在少數營利性集團的手上，成爲利上滾利，擴大了貧富差距的場域，而非一個強調互助分享的命運共同體，那麼非營利組織的精神應該被重視，並倡導成爲主流價值。在諸多非營利組織中，合作社的財務自主能力，是它永續經營的基礎，與一般無附屬企業的公益組織，相形之下，更具有生存的競爭能力。

（三）臺灣不能過度「營利性」資本主義發展的主張

不只探討近百年來非營利組織發展，也期待從民間組織發展的歷史，尋找一些「營利」與「非營利」精神的演化足跡，得一臺灣社會民心價值取向的背景因素。更希望從此「營利」與「非營利」團體的消長，尋找社會精神提昇的途逕——推崇非營利組織的經營，尤其是合作社事業，以爲政府施政、社會大眾及社團同好人員參考。

〔註20〕修馬克（E. F. Schumacher）著，李華夏譯，《小即是美——一本把人當回事的經濟學著作》（臺北：立緒文化，2000 年）。作者強調新經濟學必將基於：自我設限、自我節制、知所侷限。

二、本文研究法

（一）歷史文獻研究法

儘量以該兩團體現存史料檔案，包括出版品、文書，及相關報章雜誌、研究論文等，以完成上項第一目的研究內容。

（二）統計調查法

本研究比較複雜的部份在於相關民間團體歷史統計，這是要透過議題的提出，針對政府統計調查資料，嘗試進行分析，以數據說明本文論述觀點。

（三）行動研究法

有人稱爲「參與性社會研究法」，可以說是一種「社會實踐」，而不是純粹的「科學研究」。〔註 21〕由於筆者先後兼任兩個被論述單位的核心義工身分，撰寫兩單位過去歷史，又期待能協助開創未來，是故以自己工作之承擔，體會前人之努力，將心比心，去了解古今異同之態度，以進行深刻的精神面研究內容。

三、本研究之限制

（一）主題的「特色與價值」涉及精神內涵的主觀性

由於「特色與價值」涉及精神上的判斷，比較是一種形而上的範疇，雖然盡可能尋找統計數據以爲佐證，但是比較於其他社會科學的統計與解釋，恐怕難免存有若干主觀成份——尤其是對於若干人事的批評。但以合作經濟界前輩教授吳克剛，所引用大歷史家 Michelet 說法：「歷史不必而且不該是客觀的」，〔註22〕是故何妨有些主觀的論點，以就教於學界。

（二）日治時代資料的限制

日治時代，倖有歷年《臺灣產業組合要覽》、《臺灣要覽》等可以補充史料，至於其他人民團體，因日本政府限制臺灣人民的結社權，縱然有少數如

〔註21〕 陳惠邦，《教育行動研究》（臺北：師大書苑，1998 年），頁 22。「行動研究」法也被廣泛地運用在各種不同的專業組織與社會改革運動中，如社會工作、醫療機構、企業組織與社區營造等（Hollingsworth, 1997）。

〔註22〕 季特（Charles Gide）著，吳克剛譯，《英國合作運動史》（臺北：中國合作學社，1990 年），頁〈序〉3，Michelet 當指其留學法國的 Jules Michelet（1798～1874）。

《臺灣社會運動史》書中，所介紹文化協會等團體的存在，實際統計資料則十分不足。

肆、前人研究成果回顧

本文之研究目標，包含現實世界的兩個非營利組織及臺灣歷史上自治團體的精神特色，前人所做研究資料蒐集，遂包含歷史學與社會學的領域，也包括理論與實務的探討。

一、就兩個主要案例組織回顧

（一）有關「臺灣省科學振興會」的研究

搜尋國家圖書館「期刊文獻資訊網——臺灣期刊論文索引系統」，除了該會發行《臺灣科學》刊載，有杜聰明〈臺灣科學振興會之組織及事業〉〔註23〕、〈臺灣省科學振興會之重新改組及今後之事業計劃〉〔註24〕；及朱江淮〈回顧臺灣省科學振興會創立五十週年〉〔註25〕等 3 篇文章外，尚無其他期刊、雜誌記載的發現。至於介紹專書，只有筆者撰寫《臺灣科學振興會八十年會史兼論杜聰明歷史地位》一書而已。〔註26〕

（二）有關「主婦聯盟合作社」的研究

這個 2001 年正式成立的組織，在國家圖書館「期刊文獻資訊網——臺灣期刊論文索引系統」，可以查詢到的研究與介紹，則有許多期刊登載之外，尚有多篇論文，足以一方面顯示其魅力，另一方面也反映時代的需求。

1. 期刊討論

(1) 丁秋芳，〈健康、環保與消費合作社經營策略之研究——臺灣主婦聯盟生活消費合作社個案分析〉。其策略從「倡導綠色消費主義」，以

〔註23〕杜聰明，〈臺灣科學振興會之組織及事業〉，《臺灣科學》第 1 卷第 1 期，1947年，頁 2～3。

〔註24〕杜聰明，〈臺灣省科學振興會之重新改組及今後之事業計劃〉，《臺灣科學》第4 卷，1950 年，頁 1～2。

〔註25〕朱江淮，〈回顧臺灣省科學振興會創立五十週年〉，《臺灣科學》第 34 卷第 3／4 期，1980 年，頁 95～97。

〔註26〕李永志，《臺灣科學振興會八十年會史兼論杜聰明歷史地位》（臺北：該會發行），2011 年 5 月。

安全、環保、國產品優先為原則；「強調消費者主體性」，突顯合作社是社員自主經營、自主管理的組織；「建立信任基礎的關係」在社員、廠商、生產農友間維持良好的互動關係；「關懷社區原則的實踐」，包括對精神障礙朋友，經由訓用合一方式，提供適當工作；「協助本土農業發展」，減少 WTO 對臺灣農業的衝擊。該文並介紹成功因素有：採取合作運動的推動方式、提供安全無虞產品滿足社員需要、擁有高忠誠度的社員、建立產消雙方良好的夥伴關係等項目。〔註27〕

(2) 林佳蓉等 10 人，〈新世代消費合作社結合關係行銷之策略探討——以主婦聯盟生活消費合作社為例〉。該文為新世代消費合作社與關係行銷策劃的探討，在世界各國消費合作社日漸趨向與消費者保護觀念結合的背景下，臺灣消費合作社勢必面臨轉型，而主婦聯盟合作社以保護消費者的角色，做好產品檢驗，讓社員能夠安心使用產品，成為新世代之合作社。然研究顯示，該社在關係行銷方面，已有初步的形成，但因初期並未採行深入關係行銷模式，未來仍有相當大的發展空間。〔註28〕

(3) 唐錦秀、胡會豪，〈社員參與、消費價值與社員滿意度關係之研究——以臺灣主婦聯盟生活消費合作社為例〉。本論文中發現：「社員的參與程度愈高，則消費價值愈高；消費價值愈高，則社員滿意度愈高；消費價值的中介效果顯著，亦即社員參與會透過消費價值進而提昇社員滿意度。」〔註29〕

(4) 李桂秋、葉書銘，〈消費合作社組織文化與員工滿意度之研究——以臺灣主婦聯盟生活消費合作社為例〉。這是針對該社 180 位員工進行「組織文化」、「組織變革」、「組織信任」、「組織承諾」及「工作滿意

〔註27〕丁秋芳，〈健康、環保與消費合作社經營策略之研究——臺灣主婦聯盟生活消費合作社個案分析〉，《合作經濟》第 82 期（臺北：中國合作學社，2004 年），頁 27～41。

〔註28〕林佳蓉，〈新世代消費合作社結合關係行銷之策略探討——以主婦聯盟生活消費合作社為例〉，《逢甲合作經濟》第 35 / 36 期（臺中：逢甲大學，2004 年），頁 16。

〔註29〕唐錦秀、胡會豪，〈社員參與、消費價值與社員滿意度關係之研究——以臺灣主婦聯盟生活消費合作社為例〉（上篇），《合作經濟》第 100 期（臺北：中國合作學社，2009 年），頁 13。

度」之間的相關性及其影響性的研究。〔註30〕

(5) 梁玲菁、唐錦秀，〈臺灣主婦聯盟生活消費合作社之發展模式分析——學習組織與陪伴組織〉。論文探討該社對照日本生活俱樂部合作社的啟蒙、承傳、陪伴，在「產品開發」、「共同購買」、「地區營運」與「合作網路」四方面，提供寶貴的實務經驗。〔註31〕

(6) 李慧津，〈有機農產品的把關者——主婦聯盟〉。〔註32〕本篇為短文介紹主婦聯盟基金會的「共同購買」活動，該篇於 2002 年刊登時，作者並未察覺「共同購買」活動，已經另有合作社於 2001 年登記立案，尚未注意到有兩個獨立組織的事實。

(7) 王順美、江琇瑩、柯芸婷，〈臺灣綠色消費運動的參與分析——主婦聯盟共同購買為例〉。研究發現會員大多數為媽媽參與，社經特質是都會區、高學歷、中高收入的公教人員或家庭主婦，因「健康」、「環保」因素加入。會員面臨的問題是不能選菜、價錢昂貴、組班困難，對物品選擇仍依賴中心，尚未達自主性，建議採多元、漸進的方式推動。〔註33〕

(8) 邱俊英，〈從思想近視到老花談合作社組織體檢〉，該文探討主婦聯盟合作社的組織再造與健康檢查，邱氏曾為該社臺中分社經理，進行過社員聚會「三件美好事情」、「三件擔憂事情」作為問題探索的研究，發現「核心價值」、「組織權責架構」、「短中長期計畫」的確認，對於組織是非常需要的。〔註34〕邱氏本文中，引用相當份量其在職進修

〔註30〕 李桂秋、葉書銘，〈消費合作社組織文化與員工滿意度之研究——以臺灣主婦聯盟生活消費合作社為例〉（上篇），《合作經濟》第 97 期（臺北：中國合作學社，2008 年），頁 1～19。（下篇），《合作經濟》第 98 期，2009 年 9 月，頁 32～41。

〔註31〕 梁玲菁、唐錦秀，〈臺灣主婦聯盟生活消費合作社之發展模式分析——學習組織與陪伴組織〉，《合作經濟》第 93 期（臺北：中國合作學社，2007 年），頁 1～21。

〔註32〕 李慧津，〈有機農產品的把關者——主婦聯盟〉，《鄉間小路》第 28 卷第 8 期（臺北：豐年社，2002 年），頁 10～11。

〔註33〕 王順美、江琇瑩、柯芸婷，〈臺灣綠色消費運動的參與分析——主婦聯盟共同購買為例〉，《師大學報：人文與社會科學類》第 45 期（臺北：該校，2000 年），頁 15。

〔註34〕 邱俊英，〈從思想近視到老花談合作社組織體檢〉，《合作經濟》第 100 期（臺北：中國合作學社，2009 年），頁 28～34。

〈臺灣主婦聯盟生活消費合作社的組織變革——一個問題探索性研究〉的論文，也參考葉書銘〈組織文化、組織變革與工作滿意之研究——以臺灣主婦聯盟生活消費合作社爲例〉論文，留意到該社從實施e化的過程中，在主管與員工之間，仍未建立一套良好雙向溝通管道及回饋機制。並證明該社未能成功塑造支持型文化，對組織變革將會形成一股抗拒的阻力，更會影響員工工作滿意度。〔註35〕

以上文章大多刊載於合作經濟專業的期刊，顧名思義，其內容皆爲該組織業務的特色，而作者則以學界爲多，見證該團體的學術研究價值。

2. 碩士論文

（1）邱俊英，〈臺灣主婦聯盟生活消費合作社的組織變革——一個問題探索性研究〉，〔註36〕由於這是邱氏在職進修的論文，所以能從內部發現一些，外人接觸不到的問題，由於她又曾依先例同時兼任理事與臺中分社經理身分，〔註37〕因此她能發現的面向，就更加廣泛。該論文中的第伍章〈轉型後的問題癥結所在〉，所找出的問題如：「願景使命任務不明確」、「理事會與執行團隊權責不清」、「誰是決策核心」、「組織快速擴大所帶來的問題」、「總社與分社權責不分、組織架構不明確」、「缺乏人力資源部門」等內部管理問題。而第陸章的〈結論與建議〉，則有「成立變革小組」、「建立體檢機制確認合作社的民主運作」、「組織架構重新調整」、「成立人力資源專責部門」等，〔註38〕可謂眞知灼見，邱氏是該社現場的專職幹部，其觀察研究自然比之其他學術研究，更加貼近實際，對於該社專職人員，其願意參加相關合作社的在職學術進修，可是一項應該鼓勵的政策。

（2）湯宗益，〈消費合作社社員購買意向與行爲之研究——以臺灣主婦聯盟生活消費合作社臺中分社爲例〉，〔註39〕湯氏係以計劃行爲理論架構探討社員背景資料變項、結合／權重變項（態度、主觀規範、知覺

〔註35〕邱俊英，〈從思想近視到老花談合作社組織體檢〉，頁31。
〔註36〕邱俊英，〈臺灣主婦聯盟生活消費合作社的組織變革——一個問題探索性研究〉（臺中：逢甲大學經營管理碩士在職專班碩士論文，2005年），頁65～108。
〔註37〕後來因社員代表等反應選任理事與專職身分應加區分，而改任職員。
〔註38〕臺中：逢甲大學經營管理碩士在職專班碩士論文，2005年。
〔註39〕臺中：逢甲大學合作經濟學所碩士論文，2008年。

行爲控制）對社員購買意向及行爲之影響，作多變量變異數分析，藉以探討計劃行爲理論要素之態度、主觀規範和知覺行爲控制對社員購買意願與行爲的差異情形。依此瞭解社員購買意向與行爲的主要影響因子爲何。研究結果提出下列幾點建議：鼓勵年長社員的合作社參與、加強合作社理念與產品的宣導、提高購買產品的便利性、鼓勵影響其個人與團體的合作社參與。

(3) 張美姍，〈消費合作社平抑物價之研究——以主婦聯盟爲例〉，[註40] 這是從經營管理角度切入的論文。

(4) 葉書銘，〈組織文化、組織變革與工作滿意之研究——以臺灣主婦聯盟生活消費合作社爲例〉，[註41] 該論文曾與李桂秋擇要發表如上述《合作經濟》第 97、98 期刊。論文議題在該社實施 e 化的過程中，主管與員工之間，是否建立一套良好雙向溝通管道及回饋機制，以建立支持型文化。因此而增加實施 e 化的成功機率。[註42]

(5) 林昆輝，〈非營利組織形象與消費者入會動機關連性之研究——以臺灣主婦聯盟生活消費合作社爲例〉，[註43] 這是從合作經濟學角度切入的論文。

(6) 曹永奇，〈社會企業的社會經濟運作之探討——以主婦聯盟生活消費合作社爲例〉，[註44] 這是從社會福利角度切入的論文。

以上論文，除邱俊英以在職身分，從內部發現一些內部管理問題，曹永奇探討該社所具有社會企業的社會經濟功能外，其餘論文也大多能顧名思義，從該社社務與業務了解其特色，而未能就非營利組織「民主管理」原則的實質與程序正義方面加以論述，這一方面精神的展現，正是筆者在該組織內，以「理事」身分，所遭遇到的困擾，欲藉此討論，以補充學術界尚未探討的區塊，至於該社內部其他管理的問題，也將在第四章第三節〈十八年團體留給臺灣精神與非營利組織的省思〉中，與邱俊英論文約略比對。

[註40] 臺中：逢甲大學經營管理碩士在職專班碩士論文，2008 年。
[註41] 臺中：逢甲大學經濟學所碩士論文，2007 年。
[註42] 李桂秋、葉書銘，〈消費合作社組織文化與員工滿意度之研究——以臺灣主婦聯盟生活消費合作社爲例〉（上篇），《合作經濟》第 97 期（臺北：中國合作學社，2008 年），頁 37～40。
[註43] 臺北：國立臺北大學合作經濟學系碩士論文，2006 年。
[註44] 嘉義：國立中正大學社會福利所碩士論文，2006 年。

二、就非營利組織與「社會資本」、「社會企業」、「公民社會」的關係展望

近年來，隨著 1975 年，世界開始所謂「第三波民主化」的潮流，〔註45〕以及臺灣 1987 年以來的政治解嚴，促成國內外民間社會力的風起雲湧，非營利組織這種又被稱為「第三部門」的研究，〔註46〕已經成為另一種社會顯學，其中「社會資本」、「社會企業」、「公民社會」的理念，緊扣著臺灣非營利組織發展的問題，急於協助它能夠追趕世界的潮流。是故為提供本論文之閱讀者，能多所了解國內相關專家學者之看法，特簡要介紹相關重點如下：

（一）陳定銘對於非營利組織與社會企業的研究

陳定銘以「非營利組織與政府互動」、「非營利組織與社會企業」、「非營利組織與管理工具」等多方面探討非營利在國內傳統發展慈善救濟、重視環境保護、提供獎學金等直接服務層面。內容延伸至組織與制度等面向，析探非營利組織與政府互動，以及企業社會責任關係。

例如以〈非營利組織與新移民政策實踐〉為題，研究臺灣近年來新移民在民間非營利／非政府組織的協助下，如何順利適應新環境，以取得社會資本累積——社會網路聯繫、信任、社會規範與自主參與社區結社活動。證明非營利／非政府組織與政府公部門的伙伴關係，有其必然的趨勢。其結論為：未來不管在臺灣或世界各國中，非營利／非政府組織都將扮演越來越吃重的角色，這不僅是因為非營利／非政府組織從事的公益事業，並且還在於非營利／非政府組織為公民社會所不斷累積的能量。而公部門由宏觀層面的政策、方向、法規及制度方面著手，強化政策制定與執行能力，並善用民間資源，建立合夥關係，成為共同推動新移民政策的重要策略。〔註47〕

〈非營利組織與企業社會責任析探〉強調現在國際社會重視企業在追求利潤的同時，也能兼顧社會責任（Corporate Social Responsibility, CSR），將社會議題與企業策略分開是不智的，窄化企業策略，不只將導致失去重要商機，還會錯失潛在的未來競爭力。〔註48〕

〔註45〕蕭新煌，〈全球民間社會力——臺灣非政府組織與國際社會的改革〉，收入吳英明、林德昌《非政府組織》，頁 4。

〔註46〕蕭新煌，〈全球民間社會力——臺灣非政府組織與國際社會的改革〉，收入吳英明、林德昌《非政府組織》，頁 8。

〔註47〕陳定銘，《非營利組織、政府與社會企業：理論與實踐》，頁 76～79。

〔註48〕陳定銘，《非營利組織、政府與社會企業：理論與實踐》，頁 153～154。例如

（二）陳金貴的「社會資本」與「社會企業」研究

陳氏提出「社會資本」的概念——指出社會組織的特徵，例如信任、規範和網絡，經由有效的協調行動，可以改進社會的效率。其中介紹組織如何從內部的途徑，如：(1)董事會的信託；(2)會員的參與及教育；(3)捐贈者的誘因；(4)志工本身的特質；(5)職員的關懷態度；(6)非營利組織運作的特性等，這些正常而必需的運作，事實上就已孕育社會資本的來源。而其向外活動可能產生社會資本的途徑，如：(1)爭取與分享政府的資源；(2)企業的有效結合；(3)社會服務活動的推動；(4)社區的參與與催動；(5)社會運動的倡導，不過不管非營利組織訴求的結果是否符合成本，至少它會累積一定的人際網絡和社會資源，也將對社會民眾進行另一種教育，這是社會資本的建立。〔註49〕

陳金貴另外提出「社會企業」的理論，〔註50〕也是令人受益良多。其中介紹《社會企業的出現 The Emergence of Social Enterprise》（Borzaga & Defourny, 2001）一書。其作者結論「社會企業」必須含有經濟和社會兩個面向。經濟面向包括四個指標分別是：(1)持續生產貨品和（或）銷售服務。(2)高程度的自主性。(3)經濟危機的重要層級。(4)付薪工作的極少化。社會面向包括五個指標，透過這些指標可以有較寬廣的幅度，來確認各國的社會企業：(1)具有利於社區的明確目標。(2)由一群公民開始啓動。(3)決策權非基於資金擁有者。(4)包含受到活動影響民眾的參與本質。(5)利益分配的限制。

（三）李艾佳對第三部門發展新趨勢：非營利組織產業化的研究

李艾佳以爲非營利組織應該具有基本的經濟功能，「產業化」勢必成爲大多數非營利組織，在當前募款不易，財政吃緊時的一種選擇。由於非營利

有人認爲控制污染和減少溫室氣體的排放，會提高企業營運成本；但事實上，企業污染環境是成本浪費和資源利用不具生產力的徵兆。如果企業能在環境領域上，強調內部的創新做法，通常能加強整體競爭力，而推出的產品若能強調環境資源的有限，也都具有極大的市場潛力。企業界應該將環境保護當成絕佳的機會；而環保人士若能與企業合作，在推動環境保護上，將進展得更快，此即達到企業與社會雙贏的策略。

〔註49〕陳金貴，〈非營利與社會資本〉www.ntpu.edu.tw/pa/news/93news/attachment/.../1228-4.doc，2011/3/1。

〔註50〕陳金貴，〈在非營利組織社會企業化經營探討〉，《新世紀智庫論壇》第 19 期（臺北：財團法人臺灣新世紀文教基金會，2002 年），頁 39～51。

組織的成立是基於更高的公共理想與使命，達成社會公義的目的往往成爲組織的唯一使命，反而忽略其本身還具備其他的功能與角色。舉例來說，像是社會團體的儲蓄互助社，一般人對它的印象通常停留在社會公義的層次，也就是弱勢團體利用儲蓄互助社，來勤儉儲蓄與善用貸款儲蓄，以提高其社會地位及改善其經濟狀況。但卻忘了儲蓄互助社還具有基層金融機構的功能，像是存放款、收取利息等。也就是說儲蓄互助社這樣的非營利組織除了繼續堅持本身的社會功能外，更應該強調其經濟功能，以符合成立的宗旨與目的。〔註51〕

（四）楊湘齡「社會資本」與民主政治關係的碩士論文研究

該「社會資本」（Socil Capital）概念的研究，解釋了民主政治文化，如何被形塑的一種途徑。目前在社會資本與民主的相關研究上，主要分成兩個方向，第一是社會資本如何協助非民主國家建立民主，主要認爲社團不僅可降低國家壓迫，更可提供反抗非民主政體組織的成長空間；其二著重社會資本如何保持與改進現有民主體制，認爲社會資本不僅對內能提昇民主價值與政治態度，也能產生積極參與政治的外在效果。是故參與非營利組織所創造的社會資本，既有益於建立民主的規範與價值，且能增進民主與政治參與。〔註52〕

（五）鍾京佑對於「公民社會」一詞的研究

鍾氏以爲「公民社會」所以受到學界的關注，掀起一股研究熱潮的歷史背景，主要由於西方和東歐要回應各自所面臨的問題，他們的共同點都是爲了重新界定國家與社會的關係。對於翻譯英文 civil society 有著「民間社會」、「市民社會」、「文明社會」、「公民社會」等不同的譯法。〔註53〕鍾氏認爲不可一昧在中文字義中打轉，應該從西方 civil society 概念的發展史去探尋，才能深入瞭解中國社會中有沒有 civil society 這個場域，而不主張一定專用那一個名詞。〔註54〕而筆者以爲圍繞在「公民權」存在與否，以及如何被行使的

〔註51〕 李艾佳，〈第三部門發展新趨勢：非營利組織產業化〉，《新世紀智庫論壇》第22期（臺北：財團法人臺灣新世紀文教基金會，2003年），頁87。

〔註52〕 楊湘齡，《社會資本與民主政治：臺灣的案例研究》（臺北：淡江大學公共行政學系公共政策碩士班碩士論文，2007年），頁1、42。

〔註53〕 鍾京佑，〈全球治理與公民社會：臺灣非政府組織參與國際社會的觀點〉，《政治科學論叢》第18期（臺北：國立臺灣大學出版委員會，2003年），頁23～52。

〔註54〕 鍾京佑，〈全球治理與公民社會：臺灣非政府組織參與國際社會的觀點〉，《政

論證，應以「公民社會」之譯名，較符合國內教育界使用「公民與社會」課程的習慣，以免因使用「市民社會」一詞，讓不住在都市區域的民眾，會有城、鄉差異的被歧視感。

（六）蕭新煌對全球民間社會力參與改革的觀察

蕭氏爲中央研究院社會學研究所所長，據他觀察：20 世紀末期 25 年所發生的社會變遷大脈絡裡，民間社會力透過各類型社會運動，和各種草根的非政府組織，發揮了前所未有的社會文化影響力，挑戰舊的資本主義成長價值和物質主義，而揭櫫新的環境價值和「後物質主義」，也質疑長久成爲霸權思想的男性沙文主義，和主流族群主宰理念，而高舉女性平權主義，和原住民文化自主意識。這些逐漸形成的論述，已經從「非主流」和「異端」的邊陲地位，提升成足以與主流並駕齊驅和分庭抗禮的「準主流」架式。而且它更超越國界，在國際和全球場域組成跨國的運動聯盟。蕭氏以爲在這種跨國的民間社會網路中，各種不同的民間社會團體將投入全球改革議題和運動，如環境、婦女、人權、和平、少數民族、世界秩序和發展等。〔註55〕

（七）顧忠華對 21 世紀臺灣非營利組織全球化的觀察

顧忠華以爲任何一個非營利組織都有其成立時的崇高使命，但若缺少「自治」的能力，對於承受公共責任都會力有未逮，遑論參與「全球治理」或「全球公民社會」。放到臺灣社會發展的脈絡中來看，1987 年解除戒嚴後，臺灣民眾方才擁有結社自由，而以「公民」身分組織起來的各種公益社團、基金會，在往後十餘年如雨後春筍般紛紛出現，顯示了「本土公民社會」的旺盛活力，但大多數皆類似「中小型企業」，在經營管理制度上普遍不太健全。〔註56〕

顧忠華曾就國內非營利組織內部的「治理」來考察，認爲臺灣現在的非營利組織，仍然存在著許多問題，包括管理鬆散、流動率高、不重視制度及程序、人治色彩濃厚、缺乏策略規劃的能力、專業化程度低、決策不民主等等，而如果非營利組織本身不夠健全，不能夠「承載」公民社會的價值，那

治科學論叢》，頁 31 註腳 10。

〔註55〕蕭新煌，〈全球民間社會力──臺灣非政府組織與國際社會的改革〉，收入吳英明、林德昌，《非政府組織》，頁 3～11。

〔註56〕顧忠華，〈二十一世紀非營利與非政府組織的全球化〉，收入吳英明、林德昌，《非政府組織》，頁 19。

麼它們「促進」臺灣社會進步的動能便會大幅減弱，也無法在實質上厚植臺灣的民間力量。

顧氏以爲：若期待臺灣本土非營利組織能夠逐漸走向全球，無疑必須先從自我健全做起。在這方面，除了加強改善經營的效能外，最重要的是在價值使命上，能夠擺脫狹隘的本位主義，擴大視野及胸襟，同心協力建構臺灣本土的公民社會，使得臺灣個別的公民及團體，眞正「內化」自由、平等、博愛、民主、人權、和平等普世價值觀。唯有如此，當臺灣非營利／非政府組織連結到「全球公民社會」的網絡中時，其意義就不限於尋求新的資源和創意，還可以進一步體現及發現「全球文化」的大同精神。〔註57〕

三、臺灣政府官員對非營利組織的行政管理研究

內政部爲人民團體法的中央主管機關，其官員對於組織管理的研究，或可透露若干未來行政變革的訊息。

（一）鄭文義對非營利組織的設立與經營研究

鄭氏撰寫《公益團體的設立與經營》，〔註58〕對於非營利組織的基本概念——意義、分類、功能與其他團體的關係及國內現況，均有細膩的分析，並以國內人民團的分類對應國外的組織特性，有助於組織翻譯上的明確。〔註59〕鄭氏20多年前寫《社會及工商團體研究論集》中，已經開始有爲「社會團體」單獨立法的見解，〔註60〕並且主張社團以服務取得會員或社會之人力、物力及財力支持是可行而合法的，只要把握不將盈餘分配給個人之原則即可。〔註61〕這些先見之明，已經是目前全世界的共識與作法，可惜現在的非營利組織法單獨立法工作，似乎不被朝野重視。

（二）陳武雄對人民團體經營管理的研究

內政部官員兼社會工作學者的陳氏認爲：人民團體的組織與活動，係結合各業民眾，發展會務、業務，以增進感情、貢獻智慧、團結合作、服務互

〔註57〕顧忠華，〈二十一世紀非營利與非政府組織的全球化〉，收入吳英明、林德昌，《非政府組織》，頁12～24。

〔註58〕鄭文義，《公益團體的設立與經營》，臺北：工商教育出版社，1989年。

〔註59〕例如：林明德翻譯矢內原忠雄《日本帝國主義下的臺灣》一書的糖業「組合」爲「公會」，便不如翻譯爲「合作社」正確。

〔註60〕鄭文義，《社會及工商團體研究論集》，頁189～190。

〔註61〕鄭文義，《社會及工商團體研究論集》，頁209～210。

助及造福會員爲主旨；而以溝通民意、推行政令、進而促進社會和諧、達到
建設國家爲依歸，這是從官員角度，看到人民團體「輔助」政府社會福利之
功能。〔註62〕

（三）林素珍對我國「社會團體」設立與監督制度之研究

林氏爲內政部官員，她的研究論文乃因應適度鬆綁「社會團體」的呼聲
而進行，研究結果發現，國內「社會團體」雖然蓬勃發展，組織成員以個人
居多，又多屬於小、中型組織，財源非常不充裕，以致相當程度影響團體的
健全發展，……多屬開放性質團體，守法程度及對主管機關之依賴程度均相
當高；非法人團體仍有存續的空間。同時，相當多的團體已體認到公開資訊
透明化之必要，在對團體設立改採「登記報備制」的接受度方面，有超過半
數不贊成。〔註63〕

（四）蘇佳善進行〈臺灣、中國大陸與香港公民社會發展之比較研究〉〔註64〕

蘇氏爲目前內政部社會司人民團體科科長，他的論文題目，頗能反應
職務角色扮演上的需求，應該對於政府今後擬訂非營利組織政策，能夠有所
助益。

臺灣、大陸與香港因受歷史不可抗力因素的影響，各自選擇了不同的現
代化進程。本研究探討在政治、經濟及社會環境變遷下，非政府組織（NGO）
與非營利組織（NPO）發展的歷史過程，進而探討公民社會發展的差異性與
未來發展。研究發現，政治民主、經濟發展、企業資助，以及與政府及企
業建立合作互補的夥伴關係，是促進公民社會發展的主要關鍵；而具有高
度公民性及專業能力的公民社會組織，則是獲得政府、企業及社會大眾等
支持的先決條件。從此一基礎上發展國家、企業與社會成爲強盛而文明的
國家。

根據蘇氏研究結果：臺灣公民社會的發展可能性最大，香港則因1997年
回歸中國大陸，其政治民主因而受到影響，公民社會的發展可能性降低，

〔註62〕陳武雄，《人民團體經營管理》，頁3。
〔註63〕林素珍，〈我國社會團體設立與監督制度之研究〉，〈摘要〉（臺北：政治大學
　　　　行政管理碩士學程碩士論文，2006年）。
〔註64〕蘇佳善，〈摘要〉，〈臺灣、中國大陸與香港公民社會發展之比較研究〉，〈摘要〉
　　　　（臺北：淡江大學中國大陸研究所碩士在職專班碩士論文，2011年）。

而中國大陸除了經濟發展條件外，公民社會的發展可能性較臺灣與香港均低。〔註65〕

伍、章節架構

本文章節架構，略如下述：

第一章爲「緒論」，進行一般論文習慣之「引言」、「研究動機與目的」、「研究內容範圍、方法與限制」、「前人研究回顧」等介紹準備。

第二章爲「臺灣民間社團與非營利企業發展的歷史」。介紹臺灣民間社團與非營利企業的種類，及其統計變化，解釋其變化意義與政府「管理」的歷史關係。

第三章爲「臺灣最早的本土科學組織」。筆者剛完成臺灣科學振興會80年會史專書，本章爲擇要的介紹，以及它如何貢獻社會與科學研究，乃至80年歲月的老化現象等問題之呈現。

第四章「臺灣最早的本土婦女合作社」。這是一個只有18年（轉型立案時間則爲10年）的妙齡團體，本章擇要介紹世界合作社的起源與其組織功能特色、主婦聯盟消費合作社興起的背景與時代意義，以及她轉型以來，留給非營利組織同好們的省思之處。

第五章爲「臺灣民間社團與非營利企業的展望」。以前二章的案例，呈現非營利組織中，民間社團發展的困難現象，兼論合作社事業的優越性、非營利組織產業化的必要性；以及政府如何因應未來世界局勢，讓非營利組織，可以如「合作社法」，成爲特別法，以利於海峽兩岸的政治社會競爭。

第六章爲「結論」。總結前述各章歷史借鏡，提供政府、民間團體、社會大眾認識臺灣非營利組織，並善用它形塑臺灣的新力量。

〔註65〕蘇佳善，〈臺灣、中國大陸與香港公民社會發展之比較研究〉，〈摘要〉。

第二章 臺灣非營利組織發展的歷史

　　法國古典社會學家，米爾·涂爾幹（Emile Durkheim，1858～1917）的《社會分工論》分析個人與社會的關係，依據團結的型式與分工發展的水準，將社會分爲「機械聯（團）結」及「有機聯（團）結」，前者是對應原始（primitive）的部落社會；後者是對應現代化分工後的社會。前者成員因爲擁有共同的信念，所以能緊密地結合而成一種相似性極高的集體社會；後者的個人特質雖然相異性明顯，然而社會不會因此呈現鬆散的現象，反而增強了相互之間的依賴性，維持了社會的團結與秩序。涂氏提出此種聯結理論的目的，是爲了解決工業化之後，所造成社會脫序的問題。[註1]

　　涂氏在 1902 年《社會分工論》〈第二版序言〉裡，特別長篇大論，補充若干「職業群體＝法人團體（corporation）」評論，期望能在現代經濟生活，所存在著法律和道德的「失範狀態」，透過職業群體的集體意識與權威，建立行爲的規範，以解決人們的利益糾紛，劃定各自應該遵守的界限，以維護社會秩序與和平。他並舉例法人團體在大部份歷史裡，對於社會道德產生很大的作用，如羅馬時代的法人團體也是一種宗教社團，每個社團有自己的保護神，有了自己職業的崇拜形式與共同歡慶、祭祀和晏飲等儀式。中世紀法人團體雖與羅馬時期很不一樣，但是也爲成員創造一個道德環境，還常常預算出一部份資金用於慈善事業。涂氏在 20 世紀一開始，便強調法人團體對於未來要發揮更強大與複雜的作用，新的法人團體，還沒有形成的話，那麼社會

〔註 1〕 尤昭和，〈涂爾幹社會分工論──個人與社會的關係及其思考面向之探討〉，《淡江史學》第 12 期（臺北：淡江大學，2001 年），頁 193～208。

就會產生無法解決的新困難。〔註 2〕這種早期社會學的理論，已經在今日的
「社會資本」理論中，獲得更進一步的證實。

第一節　日治時期現代化社會運動與合作事業的特色

　　這裡所謂「現代化」的意涵，指傳統社會中爲了適應新時代的生存需求，
而有「現代化」的主張。

　　依據美國普林斯敦大學教授布拉克（C. E. Black）說法：「傳統」與「現
代」只是相對的名詞，「現代化」（modernization）一詞的涵意，是指科學革
命以來，人類智識不斷增進，傳統社會制度逐漸演化，以適應現代功能，並
加強對環境控制的一種變遷的過程。遂將歷史分爲古代、中世紀，和現代
（modern history）三個階段。

　　翻譯布氏《現代化的動力：一個比較歷史的研究》一書的郭正昭等，則
歸納「現代化」一詞，意指幾個在科學、技術、政治、經濟、社會各方面進
步國家，所具有的共同特徵而言，而達成此一進步境界的過程。〔註3〕因此，
本文主題的「現代」意涵，一如布氏理念，爲「傳統」的相對名詞，它發生
在臺灣的時間，自然有別於其他地方，更明確的時間，便是日治時期，臺灣
人在一系列武力抗日的行動失敗之後，1914～1915 年開始留意於文化運動的
嘗試──臺中設立私立中學校的運動。〔註4〕而留日臺灣學生接受輸入日本的
各種「現代化」思潮啓蒙，在 1919 年開始，陸續於日本東京成立「啓發會」、
「新民會」、「東京臺灣青年會」等暖身組織，1921 年進而在臺灣島內正式成
立「臺灣文化協會」，〔註5〕並開始自主性地發行刊物，推行文化與社會革新
運動，這才是臺灣現代社會團體明確誕生的時刻。

　　「治安警察法」是日本政府用來限制臺人思想與民間團體的工具，這一

〔註 2〕米爾・涂爾幹（Emile Durkheim）著，渠東譯，《社會分工論》，頁 XL III～XL
　　　　IX。
〔註 3〕C. E. Black 著，郭正昭等譯，《現代化的動力：一個比較歷史的研究》，〈序
　　　　文〉，頁 33。
〔註 4〕矢內原忠雄著，周憲文譯，《日本帝國主義下之臺灣》（臺北：帕米爾出版，
　　　　1985 年），頁 142。
〔註 5〕警察沿革誌出版委員會編，王乃信等譯，《臺灣總督府警察沿革誌第二篇：領
　　　　臺以後的治安狀況（中卷）》，又稱《臺灣社會運動史（1913～1936）》（臺北：
　　　　創造，1989 年），頁 20。

段時間，日本政府對於當時臺灣人的集會多所控制，就如「臺灣理工學會」的會務回憶，社團活動都受到「多方掣肘」的現象。

> 日據時代之臺灣理工學會。原係由理、工、農、醫各專科以上之臺灣同胞，爲謀互相聯繫及交換知識，於民國19年倡設而成，每年開會一兩次。斯時會員約有三四十人，俱爲新進氣銳之士。日據時代日人，對於本省人士之活動範圍，頗多拘束，因此每次集會，都爲其多方掣肘。〔註6〕

一、日治時期政府管理臺灣的工具性格

日本政府對臺灣殖民地的政策，本來就是當成殖民母國「工具性」價值的場域，根本沒有善待臺灣島民的動機。是故，在經濟上扶植日本資本家剝削臺灣農民（尤其是蔗農）、勞工，打擊本島人產業與日本人的競爭機會，例如大東信託株式會社受到諸多牽制、臺灣青果同業組合的外銷，必須透過「臺灣青果株式會社」的剝削過程；〔註7〕在教育上所謂「同化主義」、「內地延長主義」，不過是文人首相與總督爲了安撫臺人在第一次世界大戰後，社會上所興起的民族自覺運動，故作預防與精神宣示的政策，至終戰爲止，總督府始終沒有公平開放平等共學的機會。〔註8〕政治上「皇民化政策」不過是爲了日本帝國主義侵略野心，準備洗腦更多臺灣人，使他們更忠心地成爲其戰爭工具。

（一）非營利組織在社會運動上的政府管制

日本總督府針對社會運動團體的掌握，主要以負責思想檢查的「高等警察」來負責，如同一份臺灣總督府內部「社會運動狀況」的報告中（表2-2-1），它統計了1931年至1933年間，計有政治結社3個、勞動團體109個、農民團體4個、思想團體29個，中華會館27個，共計有172個單位，可說是嚴

〔註6〕張泰祥主編，《中華民國五十年來民眾團體》（臺北：中華民國民眾團體活動中心，1961年），頁650。

〔註7〕矢內原忠雄著，周憲文譯，《日本帝國主義下之臺灣》，頁91～92記載，1926年春「大東信託株式會社」開始募股，便受到總督府及銀行方面干涉，前者認爲是民族運動，後者認爲是競爭者的出現，是故發起人及應募股票的人常受到官廳的警告，甚至要脅要還其他銀行的貸款。營運一年後，成績良好，卻又受州知事干擾，稱產業組合之盈餘及準備金不得存信託會社等，皆是日本政府打壓臺灣人金融的政策。

〔註8〕黃秀政、張勝彥、吳文星，《臺灣史》，頁211。

格限制臺灣人結社自由的結果。

表 2-2-1：社會運動狀況報告（政治結社）

類	種族別	結　社　名	支部數	社員數	備　註　欄
政治結社	本島人	臺灣地方自治聯盟	15	3,465	總督府檔案 000111460230240 號
	內地人	臺灣社會問題研究會	1	218	
	內地人	臺北愛市會		9	
合　計		3	16	3,692	

表 2-2-2：社會運動狀況報告（勞動、農民、思想、會館團體）

類	種族別	系　統　別	團體數	支部數	社員數	備　註　欄
勞動團體	內地人		13		864	檔案 000111460230240 號
	本島人	舊臺灣民眾黨系	45		5,414	
	本島人	臺灣文化協會系	17		2,543	
	本島人	前二者屬	16		2,566	
	支那人		18		2,023	
	合　計		109		13,410	
農民團體	本島人	臺灣農民組合	臺灣農民組合	19	7,700	檔案 000111460230241 號
	本島人	舊臺灣民眾黨系	蘭陽農民協會		679	
	本島人	舊臺灣民眾黨系	桃園農民協會		13	
	本島人	舊臺灣民眾黨系	大甲農民協會		275	
	合　計		4	19	8,667	
思想團體	本島人	臺灣文化協會	1	16	7,700	檔案 000111460230241 號
	本島人	其他團體	2		679	
	混　合	其他團體	1		13	
	本島人	其他團體	25		275	
	合　計		29	16	8,667	
會館	支那人	臺北中華會館總會館	各地 27	同支部 7	5,064	檔案 000111460230242 號

（二）社會運動的歷史

臺灣社會上，由於留日學生增多，受到日本國內社會運動蜂起的影響，這一群留日學生不只在日本參與學習他們的社會運動，並回臺陸續推動各種政治、文化啓蒙，以及農民、勞工運動。

1.政治、文化運動與團體

《總督府警察沿革誌第二篇——領臺以後的治安狀況》〈序說〉即明白指出：「本島人的民族意識問題，其在統治關係上的地位問題，與臺灣社會運動根本潛藏著特殊的傾向。」〔註9〕所以稱此時期爲臺灣現代化非營利組織的社會運動歷史，這一個思想運動的黎明時刻，在《警察沿革誌》內，溯源自板垣退助主持的臺灣「同化會」，及其所帶動民主主義思潮作開始，而曾經親身經歷那個時代的葉榮鐘則以爲：溯源臺灣領導近代的政治社會運動，應該從梁啓超對林獻堂的影響開始。〔註10〕

筆者以爲，雖然1920年先有「新民會」關切廢除「六三法」問題，續有1921年「臺灣議會設置請願運動」的島外運動，皆爲臺人的民族運動，但因其非屬島內的正式組織，故島內1921年「臺灣文化協會」的成立，始爲臺灣非營利組織的最早代表。它正式標示著臺灣島內，各種人、事、物等軟體硬體，所進行現代化的文化自覺運動——從設置讀報社、舉辦各種歷史、法律、衛生、經濟等講習會，開辦夏季學校、文化講演會，啓發青年運動等。

在政治運動中，1921年「臺灣議會請願運動」在林獻堂領導下，著力於「臺灣議會」的政治民主。1922年蔣渭水、蔡培火、陳逢源等籌組「新臺灣聯盟」被稱爲臺灣政治結社的嚆矢，依規定登記爲政治團體，卻無法展開活動。直到1927年「臺灣民眾黨」成立至1931年該黨被解散爲止，臺灣人雖然無法完全達成理想的政治改革（僅有市會、街庄協議會半數民選，選舉方式採有限制選舉，州會議員半數由市會、街庄協議會員行間接選舉），但是整體社會已將自治、普選、參政權等基本民主觀念加以普及。〔註11〕

2.「農業組合」運動與團體

農民運動的興起，與經濟性的合作社運動關係密切，是民族主義加上階

〔註9〕警察沿革誌出版委員會，王乃信等翻譯，《總督府警察沿革誌第二篇——領臺以後的治安狀況》，又稱《臺灣社會運動史（1913～1936）》，〈序說〉，頁3。

〔註10〕葉榮鐘，《日據下臺灣政治社會運動史》（臺北：五南圖書，2000年），頁21。

〔註11〕黃秀政、張勝彥、吳文星，《臺灣史》，頁234～237。

級意識的抗爭，主要對象是地主、日人退休官吏、糖廠的剝削，甚至於抗議
官員態度偏袒不公等。

首先發難的是蔗農，各地紛紛要求提高甘蔗收購價格，1925 年「二林蔗
農組合」成立，在總理李應章率領下，阻止糖廠採收甘蔗，爆發「二林事件」，
同年簡吉成立「鳳山農民組合」聲援二林事件。1926 年有「大甲農民組合」
及「曾文農民組合」成立，前者曾抗爭總督府放領大批土地給退休官員，後
者反抗明志製糖會社，同年簡吉、趙港籌組全臺性「臺灣農民組合」，1927 年
後思想逐漸受日本共產主義影響。翌年，「臺灣共產黨」成立，並取得「臺灣
農民組合」領導權，1931 年該組合受總督府逮捕共產黨員影響，被波及而瀕
臨消滅。〔註12〕

3.「勞工職業」運動與團體

在社會運動中，另一種勞工運動的興起，也是接近「職業團體」性質的
非營利組織。勞工人口隨著資本主義經濟的成長，1920 年已逾 20 萬人，受到
民族差別待遇影響，臺人工資低於日人的問題，受到社會運動勃興鼓舞，乃
展開對資方的抗爭運動。1927 年連溫卿成立「臺灣機械工會」，翌年成立「臺
灣機械工會聯合會」，1928 年蔣渭水召集 29 個勞工團體成立「臺灣工友總聯
盟」，並支援「高雄機械工友會」對淺野水泥會社罷工事件，持續一個月，最
後卻在廠方軟硬兼施策略，瓦解了工人鬥志與團結，而遭失敗。1929 年臺共
展開「紅色工會組織運動」，翌年籌組「臺灣赤色總工會」，不久遭到大逮補
而告中斷。〔註13〕

臺灣人在政治、文化、社會啟蒙運動中，所獲得的成果，除了將世界潮
流的新理念引進島內，也成為臺灣現代化非營利組織興起的歷史新頁。

二、日本政府政策在合作經濟運動上的扶持

日治時期，日人利用合作社的互助性功能，提供臺人基本經濟生活的保
障，是很特殊的政策。1900 年日本公佈「產業組合法」（即合作社法），但臺
灣不能直接施用，是故於 1913 年以律令第二號公佈「臺灣產業組合法規則」
（共 3 條），及「臺灣產業組合規則施行細則」（共 32 條）。

依據賴建誠說法：日本政府為了讓本地人在不平等的政治環境中，有一

〔註12〕黃秀政、張勝彥、吳文星，《臺灣史》，頁 239～240。
〔註13〕黃秀政、張勝彥、吳文星，《臺灣史》，頁 240～241。

個「宣洩」需要的出處，並藉著合作社間接控制基層的經濟、社會、政治，所以就讓地方人士以合作社爲中心，從事各種活動（在城市以信用合作社爲中心，在農村以農會、農田水利會爲中心）。因此，戰後至今，臺灣地方政治勢力的人脈關係，和日治時期的合作體制有密切的傳承。〔註 14〕陳岩松指出臺灣合作事業的推行，雖然比日本爲遲，但是臺灣農村合作社到後來竟比日本農村更發達，普及率也比日本高，只是臺灣重點在金融業務，日本則以一般事業爲重點。〔註 15〕

賴建誠比較 1939 年，臺灣與日本的社員人數與總戶數比較，臺灣達51.6%，日本爲 52.9%，可見總督府對合作社普及的用心（表 2-2-3）。〔註 16〕又據陳岩松研究，臺灣的合作社所受政府的獎助，至多且厚，如免課所得稅、營業稅、印花稅、登錄稅等外，總督府及臺灣銀行等，常予各種融通資金的優待和便利。此外，禁止銀行及私營倉庫在鄉鎮設立分支機構，避免與合作社發生競爭，可謂是政府對鄉鎮合作社最有利之措施。當然，此舉乃是日人利用合作社組織控制人民，合作社力量愈強，其控制作用愈大，這是日人獎助的最後目的。〔註 17〕

表 2-2-3：日治時期三類合作社統計表

年　　度	1913	1914	1915	1918	1921	1926	1931	1936	1940	備　註
總　　計	18	45	66	173	264	353	417	474	501	
農村信用及兼營	15	38	54	149	216	274	317	390	419	
事業合作社	3	7	12	19	39	58	79	62	57	說明(1)
市街地信用社				5	9	21	21	22	25	

說明：(1) 筆者依據賴建誠，《近代中國的合作經濟運動》，頁 235～237 整理。
　　　(2) 農村信用及兼營（運銷農產品、購買肥料）合作社；事業合作社指運銷、購買、利用三大類合作社。
　　　(3) 至 1940 年，已有總人口半數以上與合作社發生經濟上的關係。

〔註 14〕賴建誠，《近代中國的合作經濟運動》（臺北：正中書局，1990 年），頁 231～232、245～246。
〔註 15〕陳岩松，《中華合作事業發展史》，頁 354～356。
〔註 16〕賴建誠，《近代中國的合作經濟運動》，頁 239。
〔註 17〕陳岩松，《中華合作事業發展史》，頁 376～374。

（一）日治時期產業組合（即現在合作社）的特色

日本的「產業組合法」（1900 年公佈），總督府在 1913 年直接移用於臺灣。〔註 18〕又另以律令第二號公佈「臺灣產業組合規則」（共三條），用以區別日本本國與殖民地。其中除了「產業組合法」中「產業組合聯合會及產業組合中央會」的規定，不適用於臺灣地區，其他一概適用本國的「產業組合法」。

1. 臺灣沒有經過思想啟蒙與民間傳播的合作運動

臺灣合作事業體系是隨日本殖民而來的，沒有經過像中國大陸的思想啓蒙、民間傳播的合作運動，沒有啓蒙的過程，〔註 19〕也造成合作精神的空虛，以至於政府對合作社的政策若稍疏忽，合作社便容易變質、異化爲營利性的組織。

2. 日治時期臺灣沒有自主性的合作社

合作社在內部管理方面：(1)理監事的選舉與解任，需經當地知事或廳長認可接受，這和日本的自主管理（經合作社內總會決議即可選任或解職）大不相同（「產業組合法」第四章管理第 25 至 28 條）。(2)社員對合作社的認股數，需經臺灣總督府認可後，才可超過 30 股（第二條），目的是在防止殖民地的個人經濟力量擴張。〔註 20〕這種缺乏自主性的政治干涉，一方面呈現組織的工具性格，一方面也埋伏了日後威權政治下，合作社社員對待組織向心力的不足。

3. 日本政府對合作社政策的堅持

日本政府推動合作社的政策，必然影響民間工商業者的生計，例如受到消費合作社低價競爭，或農產品運銷合作社與產品經銷商競爭的關係，而出現反對的聲音。這種反對浪潮在日本屢屢發生，也延傳到中國東北與臺灣。最主要的原因是合作社在法律保護下，可以免除部份稅捐，又擁有大量基本社員，經營規模若夠大，則其成本越形降低，小工商業者因而大受威脅。在臺灣的例子，基本上和日本情形類似。

這項反對運動在 1924 年有臺南州的商工業者陳情，1928 年在屏東有全島實業大會通過「撤廢購買組合」的提案，1930 年的經濟恐慌後，反對浪聲更

〔註 18〕賴建誠，《近代中國的合作經濟運動》，頁 231。
〔註 19〕陳岩松，《中華合作事業發展史》，頁 230～231。
〔註 20〕賴建誠，《近代中國的合作經濟運動》，頁 233。

波及高雄、新竹等地，已由地方提高至全島及總督府的層次，並從純經濟問題轉化為政治問題。賴建誠研究這些抗議現象的結論，認為並沒有影響到政府全面與長期的經濟政策考量，因為開發中地區的政府政策，難免要付出犧牲其他部門利益的代價。〔註21〕

　　筆者以為，這正是日本政府聰明的地方，因為在帝國主義與資本主義全面剝削臺灣人之時，已經讓農村與市街的基層者經濟，衰弱至一個生活底線，「購買組合」這種消費合作社，正是保護基層者生存的最後防線，避免因其他商工實業的營利性剝削，再擴大基層的貧富差距，造成最基層者生存的困難。例如今日經濟自由化中，所頻傳的經濟弱勢家庭自殺案件，影響政治與社會的穩定，是故日本政府對基層合作社的決策並沒有改變。但這是為了剝削者能夠繼續剝削臺灣人的手段，好像賺錢的工具需要基本保養一般，並非慈善的義舉或德政，就如王武昌所言：「日本人吃白米，臺灣人吃蕃薯雜糧；或日本人吃飯，臺灣人喝粥的寫照。」這是王氏在評論日治時期的合作運動中，日人以「農會」及「產業組合」為鉗制農業發展「雙螯」的結果。〔註22〕

4.日本政府對待臺灣青果農民及組合的剝削

　　前述勞工與蔗農面對資本主義剝奪的非營利組織歷史，而臺灣當時另一群被剝削的農民則為青果農民及組合。1925 年設立「臺灣青果株式會社」與各州青果同業組合（合作社）訂有契約，青果生產物的販賣與運輸，完全需要委託該會社辦理，一如蔗農必需受制於糖業會社。政府規定不經青果株式會社，不能從事販賣或運輸。

　　青果株式會社的董監事選任及利益金的處分，皆需總督府的承認，殖產局長辭職出任會社社長。甚至地方同業組合的職員由州知事指名推薦，組合長為各州內務部長，聯合會長則由臺中州知事擔任。香蕉的出口價額曾高達一千萬元，可說由政府壟斷與獨佔香蕉外銷的利潤。〔註23〕

（二）從農民組合的事件見證「合作經濟」針砭「資本主義」的功效

　　曾任總督府官吏的持地六三郎，所著《臺灣殖民政策》說「如果他們一

〔註21〕賴建誠，《近代中國的合作經濟運動》，頁244～245。

〔註22〕王武昌，〈臺灣百年合作事業運動史的回顧與前瞻〉，收錄於《合作發展》第228期（臺中：省政府合作事業管理處，1998年），頁6～7。

〔註23〕矢內原忠雄著，周憲文譯，《日本帝國主義下之臺灣》，臺北：帕米爾出版，1985年，頁56～57。

且知道：壓迫並侵害土人利益的結果，只是為了個人的利益，……那他們就將無法忍受」，「所以必須好好地改正製糖會社對於蔗農的生產關係，使糖業者的利害與農民的利害常相調節、融和，同時並使國家參與正當的分配。」〔註24〕可見這位持地六三郎與新渡戶稻造、矢內原忠雄都是人道主義者。可惜，日本帝國與資本主義者，本來就沒有人道的行事風格，終致引發了二林與鳳山農民組合事件，但弱勢的農民反而被以妨害業務、公務執行、傷害罪及騷擾罪等罪名受懲處，於是激發出全島農民組合的成立。

德國的製糖會社，是以周圍甜菜栽培者為股東，而股東則有將甜菜生產完全賣給會社的義務，如此耕作者與製糖業者的利益聯在一起，同時可以確保原料的供應，德國糖業興盛，與此制度大有關係。〔註25〕矢內原忠雄依著新渡戶稻造所倡導的德國式加以改良，具有社會主義的優點，重視人本與倫理的改良資本主義，因此，上述德國合作經濟曾被後來的經濟學者稱為「萊茵模式」的資本主義。〔註26〕

（三）小結

臺灣殖民地「工具性」價值的悲劇之一，即欠缺現代人所謂「人權」、「自由」，更遑論「民主」的價值。是故，非營利組織強調自由意志下，所自願形成的參與組織精神，實無法從人口與組織比例的數據中，尋找正確的關聯性。至於日治時期「滅私奉公」精神的教育，〔註27〕亦屬帝國主義下的政治性教化，並非臺灣人自主意識的選擇。

第二節　戰後現代化民間社團與非營利企業的發展與變化

「公民社會」是現代民主政治很重要的理念，據 Walzer（Barber，1998）的說法：「廣泛的公民社會定義為非強制性的人民結社空間，並且為了家庭、信任、利益和意識型態所建立的關係網路。」建構一個不受國家支配的社會

〔註24〕矢內原忠雄著，周憲文譯，《日本帝國主義下之臺灣》，頁243。
〔註25〕矢內原忠雄著，周憲文譯，《日本帝國主義下之臺灣》，頁245。
〔註26〕法國米歇爾‧阿爾貝（Michel Albert）著，莊武英譯，《兩種資本主義之戰》，頁15。
〔註27〕嘉義中埔鄉「吳鳳廟」的成仁取義故事，與宜蘭南澳鄉「莎韻之鐘」的愛國故事，無疑都是一種「滅私奉公」的教育題材。

組織與非營利結社網絡，以實踐公共利益，以及公民透過公共領域論壇來參與公共政策，將是公民社會的重要關鍵。〔註28〕

　　陳定銘強調一個立基於民主原則的政治體制，絕對需要公民們組成各式各樣的團體來表達意見、參與決策和進行監督，公民社會與國家不必然是相對立的兩股力量，任何涉及公共領域的事務，都有賴公民和政府共同投注心力，才可能確保公共利益的實現，這已成爲民主政治的基本共識。非營利組織正是公民組織中核心的部份，如果非營利組織眞正能有意識地發揮公共精神，實現其公共功能，將會對民主的奠立和鞏固，有相當大的助益。

　　1987 年解嚴後至 2000 年政黨輪替爲臺灣從專制走向民主的緩衝轉變期，這一個緩衝期留下一個很特殊的民主政治「印記」——非營利組織「自我命名權」的官、民衝突與妥協，即全國性組織全銜，既不冠「中華民國」也不冠「臺灣」的區域名銜。

　　本節論述主軸，以現在內政部社會司主管的兩大非營利組織——「社會團體」與「合作社」爲討論重點，乃是因爲它們的「公民社會」特色。

一、「社會團體」、「合作社」與其他非營利團體的特色比較

（一）「社會團體」、「合作社」與「職業團體」、「基金會」的比較

　　依據內政部主管「人民團體法」，歷年來行政上分人民團體爲職業團體與非職業團體兩大類，習慣上稱後者爲「社會團體」。〔註29〕職業團體以同一職業之從業人員組成，採強制入會、限制退會之精神，〔註30〕社會團體以同一

〔註28〕陳定銘，《非營利組織、政府與社會企業：理論與實踐》，臺北：智勝文化，2007 年，頁 55～57。

〔註29〕鄭文義，《公益團體的設立與經營》（臺北：工商教育出版社，1989 年），頁182～190 討論，現行「人民團體」與「社會團體」一詞之妥適性，實有檢討之必要，因爲還有國防部主管「後備軍人會」、「國軍體育總會」；民政機關主管「有信徒大會之寺廟」、兵役單位之「兵役協會」、由各目的事業主管的「財團法人」、公賣局主管「菸葉種植事業改進社」、人事行政主管的「長春俱樂部」、教育行政主管的「演藝團體」、經濟部主管的「營利社團」等皆未能包括在「人民團體」或「社會團體」統計之內，故建議正名爲「公益團體法」或「社會團體法」替代現有「人民團體法」。

〔註30〕鄭文義，《社會及工商團體研究論集》（臺北：內政部編印，1987 年），頁 18～20。職業團體以協調同業關係，增進共同利益，促進本業發展爲主要功能，大都有特別法作爲組織依據，且係人的集合，非財產的集合。例如依農會法組成農民團體的「農會」、依漁會法組成漁民的「漁會」、依教育會法組成教

目的、志趣之不同職業者組成，採自由結合、自由退會之精神。〔註31〕而合作社亦然，世界合作聯盟之七大原則中之第 2 條及我國合作社法第 14 條文，皆規定以自願為原則，是為「公民社會」之基礎條件。

1. 社會團體＝公益團體

本文從鄭文義之議，稱「社會團體」為「公益團體」，因其公益特色最為明顯，而自願性之參加方式，亦最能彰顯一國公民精神之好惡。

2. 職業團體

由職業相同而組織之團體，稱為職業團體，如果涉及職業的階級性者有雇主團體與被雇者團體的區別，前者如各種商、工業同業公會，後者如同一廠場、區域、職業工人組成之各級工會。這二種對立團體都有保護會員、代表協議及內部服務的功能，但因採強制性參加，所以這種團體的精神自由度不高，在團體數量上，不容易有所變化。

3. 「合作社」組織

「合作社法」第一條「本法所稱合作社，謂依平等原則，在互助組織之基礎上，以共同經營方法，謀社員經濟之利益與生活之改善，而其社員人數及股金總額，均可變動之團體。」此種團體因無法定股金總額，股票可以隨時發行，所以社員可以隨時加入或退出，以實踐「門戶開放」的原則。

4. 「基金會」組織

臺灣還有一種很重要的非營利型組織，它是以「財產」為組織基礎，但它無需要會員，它與社團以「人」為組織基礎，以會員為必要條件的特色，是完全不相同的。〔註32〕基金會的董監事，也都由主要捐款人聘任的方式，而非由會員互選產生。現在「基金會」的登記，分散在行政院各部會及各縣

育人員的「教育會」。自由職業者依律師法組成「律師公會」、會計師法組成「會計師公會」、技師法組成「技師公會」、建築師法組成「建築師公會」、醫師法組成「醫師公會」、藥師法組成「藥師公會」、藥劑生資格及管理辦法組成「藥劑生公會」、鑲牙生管理規則組成「鑲牙生公會」、齒模製造技術員管理辦法組成「齒模製造技術員公會」；其他自由職業，還有「醫事檢驗師公會」、「醫事檢驗生公會」、「助產士公會」、「護理師公會」、「護士公會」、「獸醫師公會」、「營養師公會」、「新聞記者公會」、「船長公會」等等。

〔註31〕鄭文義，《社會及工商團體研究論集》，臺北：內政部編印，1987 年，頁 9。
〔註32〕鄭文義，《公益團體的設立與經營》，頁 25。

市政府，估計約有 5、6 千家之多。〔註33〕

臺灣在 1980 年代許多基金會成立，蕭新煌說：「在戒嚴時代，社團法人的成立受到許多限制，也就是同一行政區只能有一個社團法人成立。由於基金會不受此規範影響。……至於為了避免政治力量的滲透，而成立基金會更是重要原因；……則政治力是可以透過選派 50 位社員加入，即可透過選舉而改組理事會，這對於協會的穩定與自主影響很大。再加上當時基金會成立是以「錢」為主，門檻不高，於是基金會乃紛紛成立。」〔註34〕

（二）「社會團體」與「合作社」的非營利性特色

追求私人利益的團體，基本上以「公司法」登記的公司，及「商業登記法」登記的「商號」為代表。〔註35〕而「社會團體」與「合作社」皆為非營利組織，其專職人員與國家的公務員或公司職員一樣，他們應該可以領取薪俸及各種勞基法保障的福利，但附設「社會企業」的非營利組織，也如同政府部門的事業單位，其盈餘不能成為職員與選任人員或會員的紅利予以分配盈餘。〔註36〕

二、戰後「社會團體」與「合作社」的數量統計

政府管理（輔導）、干涉的「它治」，與組織內部管理的「自治」，是相對名稱，臺灣近現代人民團體的治理，基本上都由政府強烈干預，包括日治殖民地時期與國民黨政府的戒嚴時期，雖然 1987 年解嚴後，國民黨政府公布了新的〈人民團體法〉，可是就如同顧忠華所言：「臺灣由於受到長期戒嚴的影響，民眾對參與公共事務普遍冷漠，過去更缺乏自發性地組織社團的機會，相對地在『結社革命』的時程上，較全球的腳步慢了許多。」〔註37〕

〔註33〕 王順民，〈當代臺灣地區宗教類基金會的一般性考察〉，收錄於官有垣，《臺灣的基金會——在社會變遷下的發展》（臺北：洪健全基金會，2003 年），頁 187。

〔註34〕 蕭新煌，〈基金會在臺灣的發展史、現況與未來的展望〉，收錄於官有垣，《臺灣的基金會——在社會變遷下的發展》（臺北：洪健全基金會，2003 年），頁 21。

〔註35〕 「公司」包括農林漁牧業、礦業、製造業、水電燃氣業、營造業、商業、運輸及倉儲業、金融保險業、其他及個人服務業；「商號」另含加工業、銀樓業、打撈業、承攬業、運送業、出版業、印刷製版裝訂業等「商業登記」者。

〔註36〕 鄭文義，《社會及工商團體研究論集》（臺北：內政部編印，1987 年），頁 209〜210。

〔註37〕 顧忠華，〈二十一世紀非營利與非政府組織的全球化〉，收入吳英明、林德昌，《非政府組織》（臺北：商鼎文化，2001 年），頁 21。

（一）從戒嚴走向民主

國民政府在戒嚴以後，事實上是十分不信任日本統治過的臺灣人社會團體，例如臺灣科學振興會在 1945 年 10 月 11 日，改組大會時，臺灣省公署籌備處張錫祺參議致詞云：「但有一事，就是必須將一切日本色彩完全肅清，這才能受祖國同胞所歡迎。」〔註38〕至於戒嚴及國民黨政府遷臺後，更是年年整頓日本時代留下來的人民團體——例如《建國五十年來人民團體》一書，便直言不諱「臺灣省在日據時期，……各種團體組織，尚具基礎，惟其組織，乃基於殖民政策，為統制之工具，其體系與精神，均與我國國策法令不合。光復後，先由民政廳，繼由社會處逐漸依法予以調整。」〔註39〕

臺灣省政府及內政部從 1952 年 5 月起訂頒「總動員時期加強各級人民團體組織實施辦法」、1952 年 8 月訂頒「改進臺灣省各級農會暫行辦法」，全面整頓農會組織。1953 年 3 月訂頒「總動員時期健全工商團體組織要點」、1954 年 3 月臺灣省政府訂頒「臺灣省各級漁會改進辦法」以加強漁會組織、1955 年起對日治時期團體組織加以調整，並確立輔導基本原則五項。而後又陸續有「臺灣省各級人民團體組織實施辦法」、「臺灣省各級人民團體調整辦法」、「臺灣省各級人民團體財務處理辦法」、「臺灣省各級人民團體工作會報辦法」、「臺灣省工商團體分業補充表」、「臺灣省各種聯誼組合管理辦法」等，均是管理的「準繩」。

這正是為何社會處在 1948 年，有每二個月召開一次省級人民團體工作會報，讓各會輪流「工作報告」交代業務的背景。〔註40〕以現在時空回顧當時的措施，實在讓人感覺那不是在「管理」人民團體，而是「管訓」人民團體的措施，是故能夠在那種時代還存活下來的非營利團體，必然有堅強的意志力，否則難以承受。

（二）人口與民間團體的成長觀察

統計臺灣人口成長與營利性團體數量，及其與非營利性的社會團體成長數量比較，可發現營利性團體的數量依照產業人口的變化，從事商業團體者越來越多，因此由 1960 年的 1.7482%，而至 2000 年的 5.82891%，循序漸進，

〔註38〕杜聰明，〈慶祝臺灣省科學振興會創立滿 30 周年〉，《臺灣科學》第 14 卷第 4 期（臺北：1960 年），頁 3。

〔註39〕張泰祥，《中華民國五十年來民眾團體》（臺北：中華民國民眾團體活動中心，1961 年），頁 69～79。其主編與發行人張寶樹皆任職於國民黨中央委員會。

〔註40〕〈本會消息〉，《臺灣科學》第 2 卷第 4 期（臺北：1949 年），頁 38。

至於 2009 年略爲下降，是否因爲海峽兩岸開放經貿關係，無法進一步研究。而非營利性團體的比例，以 1950 年由 0.0001650% 開始，1960 年爲 0.0004006%，與人口成正比發展，唯 1970 年前可能因人口迅速增加及白色恐怖影響結社意願，比例退步外，餘均遞增，尤其解嚴後爲 0.0011439%，而政黨輪替後 0.0019297%，更爲明顯。

　　至於筆者最期待的比較數據，是「好營利者」爲「好非營利者」的比例關係（表 2-2-4），比較起來 1960 年「好營利者」爲「好非營利者」的 4,364 倍，1970 年爲 5,171 倍，1980 年爲 8,449 倍，1990 年爲 7,167 倍，直到至 2000 年，始降爲 5,096 倍，2008 年更降爲 2,986 倍，筆者這種類比的推算，雖然不是學院的經濟學理，但是這種「好營利者」與「好非營利者」的比例數據，已告訴了我們，越來越多的人投入「非營利」組織，也就是說「好營利者」與「好非營利者」的比例越接近，證明越多人關心公益，一如環保問題，這就可以解釋，爲何 2011 年能夠「反國光」訴求成功——得以影響政府決策，其數據的象徵意義，已顯露答案。尤其從表 2-2-3-2 中，非營利的社會團體大量增加，見證臺灣政治民主進化的狀況。

表 2-2-1：戰後人口的成長變化

年　度	1950	1960	1970	1980	1990	2000	2009
總　計	7,554,399	10,792,202	14,753,911	17,866,008	20,401,305	22,276,672	23,119,772
男　性	3,853,799	5,525,062	7,772,742	9,320,105	10,540,635	11,392,050	11,636,734
女　性	3,700,600	5,267,140	6,981,169	8,545,903	9,860,670	10,884,622	11,483,038

註：依據內政部，《內政統計年報》（臺北：內政部，2009 年），頁 53～54，表 2-1 整理。

表 2-2-2：戰後營利性團體統計與人口總數比例

年　度	1951	1960	1970	1980	1990	2000	2009
總　計	77,470	188,670	300,825	706,379	990,763	1,298,489	1,332,537
公　司	1,035	4,540	49,950	249,263	373,368	587,145	579,089
商　號	*76,435	184,130	250,875	457,116	617,395	711,344	753,448
人口比		1.7482%	2.03895%	3.9375%	4.85637%	5.82891%	5.76362%

註：(1) 筆者依經濟部統計處，《經濟統計年報》（臺北：經濟部，1987、1996、2001、2010 年），各年「公司登記家數」、「商業登記家數」表整理。
　　(2)「*」因經濟部資料最早資料爲 1952 年數據，故不與總人口數作「比例」之試算。

表 2-2-3-1：戰後非營利性社會與職業團體統計（職業、社會團體混合統計）

年份	中　　央			省　　級			團體總數	10 年整數比例
	單位數	個人會員	團體會員	單位數	個人會員	團體會員	中央＋省級	以總人口
1946				422	47,180	64	422	非 10 年整數
1950	61	17,152	167	1,186	218,865	38,006	1,247	0.0001650%
1955	172	66,346	396	3,057	766,202	4,173	3,229	非 10 年整數
1960	240	25,460	2,808	4,084	1,076,574	3,485	4,324	0.0004006%
1965	328	223,450	2,919	4,898	2,235,429	7,165	5,226	非 10 年整數
1970	505	234,926	11,435	5,313	2,841,729	7,221	5,818	0.0003943%
1975	693	407,252	18,870	6,012	3,257,602	7,395	6,705	非 10 年整數

註：筆者依內政部，《內政統計提要》（臺北：內政部，1963 年），表 70、71。

表 2-2-3-2：戰後非營利性社會與職業團體統計（職業、社會團體分別統計）

年份	中　　央			地　　方		合　計	比例 %
	政治團體	職業團體	社會團體	職業團體	社會團體	中央＋地方	以總人口
1976		304	482	3,612	2,792	7,190	非 10 年整數
1977		303	486	3,733	2,954	7,476	非 10 年整數
1980		324	562	4,042	3,398	8,326	0.0004660%
1985		349	711	4,737	4,685	10,482	非 10 年整數
1990	59	319	1,007	6,334	6,106	13,825	0.0006776%
1995	77	302	2,275	6,698	8,690	18,042	非 10 年整數
2000	93	314	3,964	8,197	12,915	25,483	0.0011439%
2005	116	373	6,565	9,221	19,570	35,845	非 10 年整數
2009	158	421	9,252	9,865	24,919	44,615	0.0019297%

註：(1) 筆者依內政部，《內政統計年報》（臺北：內政部，2009 年），表 5-1、5-2。因應政府統計格式改變故。
　　(2) 「比例」為當年中央與地方非營利性團體數除總人口數，只做 10 整數年參考數據。

表 2-2-4：戰後歷年好營利者與好非營利者比例

年　代	1960	1970	1980	1990	2000	2009
好營利者	1.7482	2.03895	3.9375	4.85637	5.82891	5.76362
好非營利者	0.0004006	0.0003943	0.0004660	0.0006776	0.0011439	0.0019297
倍　數	4,364	5,171	8,449	7,167	5,096	2,986
各年比例示意圖形	→	→	→	→	→	→

說明：(1) 本表爲表 2-3-2、表 2-3-3-1 及表 2-3-3-2 之對照。
　　　(2)「好營利者」與「好非營利者」的倍數越低，表示兩者越接近。

（三）戰後合作社的發展

1945 年 8 月 15 日本宣布無條件投降，國民政府於 11 月頒布「收復區光復區合作組織整理辦法」，令各省市遵行。臺灣光復後，又另設「臺灣行政長官公署」，不適用中央頒布的法令，卻又未頒布有關合作組織的處理辦法，所以這個部門的接收相當紊亂，原本井然有序的合作組織，陷入莫衷一是的困境。直到翌年 10 月，以長官公署的名義，訂頒「臺灣省原合作組織財產整理辦法」，才有法令的依據。接著是改組與整理，基本目的是要把依日本「產業組合法」組設的合作組織，改爲屬於中國「合作社法」的架構。其中最重要的，是廢除日治政府不准部份人士參加合作社的禁令，改爲只要合乎社員資格者一律可加入。這段過程相當混亂複雜，尤其當時許多制度完全更換，所屬單位也因行政體制而變更。賴建誠認爲這是形式改變的意義，大於實質內容的增長，對合作體系的幫助非常有限，或甚至有反效果。〔註41〕

1. 初期合作運動的浩劫與復興

據陳岩松統計 1949 年 7 月前，臺灣鄉鎮合作社未併吞於農會前有 756 單位社，社員 913,417 人；1949 年 8 月吞併後僅剩 385 單位，社員剩 337,938 人。倖留之合作社，除信用社與青果社外，多在終戰後設立，尚無事業基礎，臺

〔註41〕賴建誠，《近代中國的合作經濟運動》，頁 248。

灣合作運動，頓陷彌留狀態，實爲空前浩劫也。〔註42〕而此次農會併吞鄉鎭
合作社活動，竟然爲美國提出之建議，合作界爲之一片譁然。〔註43〕

後來在這群合作主義者努力之下，在官方有一個「臺灣合作事業管理
處」，在高等學校教育中有三個大學（中興、淡江、逢甲）設立合作經濟系培
養人才，在民間除了合作事業體外，合作人成立合作學社與合作事業協會，
發行《合作經濟》、《合作報導》等社會教育刊物，加上從1955年開始，由學
校「福利社」改爲「合作社」的政策，又慢慢地恢復了合作事業的榮景。

2. 臺灣出現兩種資本主義的戰爭

法國經濟學家米歇爾·阿爾貝（Michel Albert）說：

> 在共產主義的廢墟上，出現了資本主義的兩大陣營。一方是「新美
> 國模式」，它崇尚個人成功，追逐眼前金融利潤。另一方是「萊茵模
> 式」，主要包括德國和日本，強調集體成果，注重合作精神，關心長
> 遠利益，是一個既講究公平又有效率的社會。〔註44〕

> 美國呈現一副新景象：窮者愈窮，富者愈富。二元現象誘發了社會
> 衝突，而且是「原始的、自發的階級鬥爭」……，美國的富人已經
> 開始抱怨治安惡化，社會環境低劣，新窮人多了。保安公司、私人
> 保鏢等行業蒸蒸日上，武器交易興隆，全美上下全副武裝。〔註45〕

是的，有關美國崇尚個人成功的新資本主義與注重合作精神的「萊茵模式」
經濟比較。臺灣雖然沒有歷經共產主義的統治，然而觀察日治以來，各種政
治、經濟、社會發展，無不因爲日本的戰敗，而處處放棄日本模式，歸向美
國模式，是故美國模式的精神取向，成爲臺灣現在 M 型社會財富分配現象的
根源，正說明「新美國模式」資本主義，在臺灣「凱旋」的現象。

3. 青果合作社的時代悲劇故事

青果外銷的利益是龐大的，終戰前，蕉農是日本資本家剝削的對象，那
個悲劇不是自願的。而終戰後「臺灣省青果運銷合作社」仍然延續日本政府

〔註42〕陳岩松，《中華合作事業發展史》，頁400。
〔註43〕陳岩松，《中華合作事業發展史》，頁383～400。
〔註44〕法國米歇爾·阿爾貝（Michel Albert）著，莊武英譯，《兩種資本主義之戰》
　　　　（臺北：聯經，1995年），頁15。
〔註45〕法國米歇爾·阿爾貝（Michel Albert）著，莊武英譯，《兩種資本主義之戰》，
　　　　頁36。

外銷的利益，最有名的事件是「剝蕉案」的金碗盤贈送事件。

據 2009 年 4 月 15 日中國時報有署名王駿的報導說：

> 香蕉案，本質上是當年小蔣接班前夕，國民黨政府整肅財金領導班
> 子，所炮製的冤案。按道理說，既然全案關鍵在於「政府大員收受
> 金盤金碗」，那麼，就應該全面追究受贈大員。然而，後來案子不了
> 了之，只敲掉了央行總裁徐柏園。

> 剝蕉案爆發二十八年之後，民國 86 年間，俞國華對筆者這樣說：「平
> 實而論，吳振瑞當年打造金盤金碗，並非有意賄賂，而是臺灣香蕉
> 輸日成績樂觀，所表現出的自然而然感謝之意。吳振瑞此舉並非秘
> 密為之，而是經過高雄青果合作社內部會議通過，如果真的有意行
> 賄，不必如此公然為之。〔註46〕

王駿「剝蕉案」特稿，讓筆者也開了眼界，因為當時收到金盤碗的大官要員
認為這個「金盤碗禮物」沒甚麼──「大家也都以平常心看待此事」，我相信
對比於中國官場流行的送禮文化，一個「金盤碗禮物」可能不是特大禮物，
不過把尋常百姓不可能獲得的「金盤碗禮物」，等閒看待，還是難以被人接
受，因為我們可以想像一個從蘇聯體驗貧苦生活回來的蔣經國，是否除了權
力鬥爭的動機外，也可能要「殺雞警猴」，抑制官場送禮文化？

4. 國民政府時期一群合作主義者的社會經濟貢獻

政黨輪替前的國民黨政權時期，官僚體系給人貪腐的刻板印象，幾乎是
臺灣人對「外來政權」的共識。因此，許多清廉優秀的官員，也難逃被成見
為「沆瀣一氣」的命運。毫無疑問，筆者也曾對外省籍官員與學者，都抱持
同樣保留的態度，例如 20 年前閱讀《中華合作事業發展史》，對於作者陳岩
松的論述便感懷疑，他說：

> 臺灣合作事業，久受日人殖民地型合作影響，也發生很多不良後果，
> 其最顯著者，約有下列各項：一、忽視合作精神，易引起合作社變
> 質。尤其是信用合作社，擴展愈大，其離合作本質愈遠，亦即變質
> 愈大，此為臺灣合作事業之最大隱憂！二、日據時期，一向缺乏聯
> 合組織觀念，所以臺灣合作事業，始終只有較好的單位社，而無強
> 大的聯合社，同時，合作社的負責者，常以本社利益第一，缺乏團

〔註46〕 王駿，〈我見我思──徐柏園與剝蕉案（四）〉（臺北：中國時報，2009.04.15），
blog.udn.com/tel2366/2851019（2010/6/20 上網）。

隊精神，此乃臺灣合作事業發展的致命傷！〔註47〕

今日再翻閱舊書，前輩陳氏的預言成真，在臺灣人缺乏合作精神與理念下，果然臺灣信用合作社一間間被私利者變質爲商業銀行，這位曾任合作行政官員與學者的先覺者，還在〈自序〉中警告「我國合作事業以信用合作與青果運銷爲兩大支柱，其本身並非營利團體，但其組成份子，仍以營利爲目的者居多，爲阻遏美國重勢利輕道義之風侵入我國，願合作領導者，亟應加強推行合作宣傳教育，發揚合作社爲人的結合之道義精神。」他真的是愛臺灣的外省同胞啊！類此情形，當初那一群合作人，籌組「合作學社」、「中國合作事業協會」以造福臺灣的平民百姓，臺灣歷史應該好好記錄上他們的辛勞貢獻。〔註48〕

5. 李登輝在「經濟自由化」前提下遺漏了師承的倫理經濟

作爲新渡戶稻造的臺灣「粉絲」——李登輝敘述自己追隨新渡戶稻造的腳步，不只是專攻科目，連學校選擇方面，也毫不猶豫地選了相同的京都帝國大學農林部農林經濟學科。後來，相繼讀完新渡戶稻造的所有著作。〔註49〕

可惜！李登輝並沒有發揮新渡戶稻造的「合作經濟」思想，這是筆者的感慨——學習農經的總統不知強化臺灣經濟弱勢者，及農民生產者的合作社政策，實在是讓臺灣的合作人很無奈。

李登輝與新渡戶稻造在書內的邂逅故事，更是令人激起了無限的疑問——新渡戶稻造真的是李氏的學習對象嗎？新渡戶的弱勢者經濟保護理論——合作經濟，李氏在意過這種政策嗎？新渡戶稻造與矢內原忠雄是因爲身爲學者，未握實權，對於執政者願不願意制定合作事業保護政策，有他身不由己的無奈，而李登輝則是制定政策的主導人員，若是他真的認知了新渡戶稻造的合作經濟，那麼他不提出保護合作經濟政策的緣由是甚麼？甚至放任他的國策顧問張啓仲，在他任內積極變質信用合作社爲營利性「銀行」與「公司」。〔註50〕

〔註47〕陳岩松，《中華合作事業發展史》上冊，頁374。

〔註48〕中國合作事業協會，《五十年來的中國合作事業協會》（臺北：該會出版，1992年）。

〔註49〕李登輝原著，蕭志強譯〈與新渡戶稻造先生的邂逅〉，《「武士道」解題——做人的根本》（臺北：前衛出版社，2004年），頁55～100。

〔註50〕張啓仲將兩種非營利性的「合作社」事業——臺中第七信用合作社和中華民國消費合作社聯合社（簡稱「全聯社」），兩家改爲營利性的「公司」企業，

對於李登輝政府在合作社事業政策上，也許有他面臨當時世界性自由經濟的氛圍壓力，無法逆勢行事。〔註51〕然另一方面，今日非營利組織，尤其是環境保護團體的訴求，能夠被執政者採納，應與李氏推動臺灣總統由全民「直選」的憲政改革有關，否則總統選舉若繼續由以前的國大代表票選，那麼候選人恐怕只有聽財團的聲音，才可能當選，而今臺灣總統必然要聽全民的聲音，尤其是貧富差距惡化下，那些為數比例越來越多的 M 型中、下階層民眾心聲，這是李登輝為臺灣民主的貢獻，在此應該被平衡記錄。

（四）戰後合作社統計變化

1. 從戰後合作社歷年總數的統計數字看問題

從表 2-2-5-1 中，1955 年增加比較明顯，係學校員生消費合作社，開始取代舊有「福利社」的政府政策有關係，因為教育行政單位發現當時「福利社」有許多行政管理的毛病與弊端，所以與合作行政單位配合，籌組了所有學校的「員生消費合作社」。〔註52〕許多人對「合作社」與「福利社」的區別分不清楚，甚至於許學校的老師還習慣於稱呼「員生消費合作社」為「福利社」。事實上兩者差異很大，前者是依據「合作社法」，任何公民皆能依自己生活需求，籌組各種生產、運輸、公用、消費合作社等。後者是因為「職工福利金條例」第一條規定，企業有辦理職工福利事業之義務——凡公營、私營之工廠、礦場或其他企業組織，均應提撥職工福利金，辦理職工福利事業，而有類似商店的販賣部、理髮部、洗衣部等。

讓自己有機會成為最大的獲利者。其一是在 1997 年，臺中七信改制為第七商業銀行股份有限公司，董事長仍然為張氏。當年底合併新竹市第六信用合作社，1998 年又概括承受彰化市第二信用合作社，等於張氏一人「異化」三家非營利性「合作社」為一家營利性「銀行」，其最大的受益人，將是擁有最多股金的董事長——因為合作社的股息與盈餘分配方式都受合作社法規限制，不能以營利為目的，所以股息比起公司有所限制；盈餘分配也需要依照社員對合作社的貢獻比例（借款利息）攤還，而非公司的資金比例分配，故改為公司，故其最大受益人將會是股金最多的人——董事長。其二是內政部在 1989 年起，推薦張啟仲擔任理事主席的全聯社，承辦軍公教人員福利品販售，1997 年全聯社被揭發內部弊端，該社因本案而被拍賣，承接人於是改「合作社」事業體為「公司」體制。

〔註51〕孫炳焱，〈現代社會經濟問題與合作運動〉，《信用合作》第 85 期，頁 5。
〔註52〕吳國章，〈臺灣省消費合作社概況及努力方向〉，《合作發展》（臺中：臺灣省合作事業管理處，1994 年 2 月），頁 23。

　　早期公立學校在 1955 年未推廣合作社政策前，也實施一段「福利社」時間，故遺留了許多「後遺症」。既得利益者很不容易改變，學校師長大都不知合作運動爲何，除了有人無知地繼續拿盈餘來發三節福利金外，還有學校更比賽那一屆的理事會發的金額比較高，作爲下屆選舉理監事的依據，忘記師長要照顧學生的天職，變成師長利用合作社賺學生的錢，而眞正願意利用合作社推動世界性合作精神者，往往遭遇「劣幣驅逐良幣」的現象，等到校園民主化後，這種吃力不討好的合作社理、監事義工，就少有師長願意嘗試了，於是又發生另一股風潮——解散員生社。

　　從 2000 年及 2005 年的合作社單位社總數，比 1995 年增加，社員總數卻比 1995 年減少的現象，就與減少學校消費合作社的風潮有關——此時社會上的生產與勞動性等合作社雖然增加了，但是人數無法彌補學校消費合作社的龐大數字，因爲其他合作社，只要 7 人以上即可設立，而少了一個學校消費合作社的人數，往往就是少了千人以上。例如 1997 年學校社爲 3,082 社，社員總數爲 3,104,832 人，而 1998 年學校社爲 2,772 社，社員總數爲 2,522,376 人，一年間少了 310 社，共計少了 582,456 人，平均每少 1 學校社，即少了社員 1,879 人。〔註53〕

　　學校員生消費合作社發生解散的風潮，除了是教職員缺乏犧牲奉獻精神外，政府的財政困難與校長的權力欲望也有關連，因爲學校拿員生社的好處不多——如公益金與租金，若出租給外面商人，則可以拿較多的「權力金」。而校長原本對合作社這個自治體是難以插手干預的，若換成外來的商家，就不能不看校長的臉色，因爲學校總是要替學生看好食品的安全與衛生問題。若官、商關係處不好，學校大可要求商人更高的標準，承包商家就沒得賺錢了，或者學校放寬標準，於是最可能受損害的人是學生的健康，與家長的荷包。

　　基層學校合作教育的失敗，有許多因素，例如升學主義是最大的功利現象，而早期教師的待遇不佳，能補習者兼顧補習（行話說「養鴨子」），不能補習者也設法賺其他外快，合作運動要教育學生民主管理＝師、生平等分享合作社盈餘，簡直要師長跟自己的福利過不去，有如「與虎謀皮」的形容。

〔註53〕中華民國合作事業協會編印，《中華民國八十七年合作事業統計年報》（臺北：該會，1998 年），頁 1 及《臺灣省合作事業 50 年》（臺中：臺灣省合作事業管理處，1999 年），頁 30。

表 2-2-5-1：戰後合作社歷年總數統計

年份	社　　數			社　　員		備　註　欄
	共　計	單位社	聯合社	個人社員	法人社員	
1947	490	471	19	697,352	352	依《內政統計提要》（1963 年），表 70、71。1965～1975 年為 1980 年版，頁 221，表 107。
1950	355	341	14	365,310	209	
1955	1,230	1,199	31	626,536	724	
1960	2,071	2,031	40	904,283	1,223	
1965	2,592	2,536	56	1,309,494	1,940	
1970	2,820	2,762	58	1,847,350	2,283	
1975	4,015	3,952	63	2,306,913	2,989	
1980	4,109	4,053	56	2,660,161	未分法人社員數	依《內政統計年報》（2009 年），頁 208，表 5-3。
1985	4,356	4,301	55	3,845,191		
1990	5,183	5,113	70	5,684,173		
1995	5,268	5,198	70	6,955,606		
2000	5,517	5,448	69	4,457,394		
2005	5,516	5,446	70	4,069,456		
2009	5,116	5,049	67	3,339,766		

註：筆者依內政部，《內政統計提要》（臺北：內政部，1963 年），表 70、71。1965～1975 年為《內政統計提要》，1980 年版，頁 221，表 107。

2. 戰後信用合作社的歷年發展統計數字看問題

表 2-2-5-2 中，見證歷年信用合作社的變化最為明顯。是因為經濟自由化的關係，「信用合作社」才逐漸變質為「銀行」嗎？1970 年信用合作社奉命由財政部代管，逐漸成為一般金融機構，原本它在日治時期是最具有民族色彩的基層經濟保護組織。可惜，因為主事者的角色「異化」為「營利者」，所以合作社落得解散的下場，其最大的獲益者，就是原來最該保護合作社的那些理監事，所以信用合作社解散是人性與價值取向的問題，與經濟自由化，應該沒有直接的關聯。

表 2-2-5-2：戰後信用合作社的歷年發展統計

年度	1946	1968	1969	1970	1975	1987	1995	1997	1998
社數	54	80	82	80	75	74	73	64	54

年度	1999	2000	2001	2002	2003	2004	2006	2009
社數	50	48	39	37	35	32	28	26

註：筆者依內政部，《內政統計年報》（臺北：內政部，2000～2009 年）。

3. 從儲蓄互助社的統計數字看問題

1965 年國民政府鑑於德國許爾志式的城市信用合作社，已經逐漸捨棄合作原則，變成銀行的形態，而重新引進「儲蓄互助社（CREDIT UNION）」，〈儲蓄互助社法〉經種種條件的限制與考驗，於 1997 年才完成立法。王武昌非常感嘆，這個唯一代表我國合作界積極參與國際合作組織，且未變質的基層資金融通機構，立法後卻不准組織新社，這是世界儲蓄互助社議事會（World concuil of Credit Union）成員國家中，唯一的禁例。〔註 54〕

臺灣儲蓄互助社先於教會裡發展，〔註 55〕這是由天主教于斌樞機主教引進的基層民眾互助性非營利組織，1982 年成立中華民國儲蓄互助協會，負責組織、監督、管理及輔導全國儲蓄互助社。表 2-2-5-3 在 2008 年後的數據演變，似與世界性金融風暴有關，美國亦有社數縮小而總人數增加的趨勢。〔註 56〕

筆者曾先後兩次爲學校及地方教育會同仁宣導如此團體，希望有機會增加教育同仁間的互助活動，可惜均難以推行。而現有組織，若無宗教的信仰

〔註 54〕王武昌，〈臺灣百年合作事業運動史的回顧與前瞻〉，收錄於《合作發展》第 228 期，頁 11。按 1998 年儲蓄互助社法第二條「除本法公布施行前已成立並於協會登記者外，新設者以由原住民或偏遠地區居民組成者爲限。」之條文，已於 2000 年修改刪除。

〔註 55〕臺灣原住民「共有分享、互助合作」的文化價值觀，在經濟發展上，容易接受教會引進的「儲蓄互助社」，比之平地漢人「信用合作社」的非營利金融機構，後者卻往往被轉型爲家族企業，或異化爲營利性的「銀行」現象，又可補充說明「原住民化」價值取向的「共有分享、互助合作」特色，也顯示出漢人移民文化私利爭奪的對比價值觀。

〔註 56〕王永昌，〈世界金融風暴下的合作社運動〉，收錄於《合作報導》第 71 期（臺北：中華民國合作事業協會，2010 年），頁 6～7。

基礎，臺灣越趨低度信任的社會文化，一般社群關係，恐怕也難有新社的成立，對於非營利組織的「社會資本」性格而言，這個組織透過儲蓄互助的手法，以增進人際關係，確實是個非常有益於建立社會「信任」、「規範」與「網路」的單位。

表 2-2-5-3：儲蓄互助社的歷年發展統計

年度	2000	2001	2002	2005	2007	2008	2009
總計	351	353	352	341	339	340	336
人數	181,173	181,550	185,825	195,567	197,080	199,059	199,734

註：筆者依內政部，《內政統計年報》（臺北：內政部，2000～2009 年）。2000 年前內政部無「儲蓄互助社」管理資料。儲蓄互助社於 1997 年公布實施，2002 年修正。

三、解嚴後民間社團與非營利企業的自治化

本節使用「自治」一詞指組織內的自我治理，而相對於「自治」，政府的指導或干涉的「它治」。國民黨政府時期，縱然解除戒嚴令，政府並沒有馬上讓人民團體真的當家作主，就連一個使用「臺灣」或「中華民國」的組織區域名稱，社政單位也沒辦法尊重人民的自主權。

「自治」與「它治」這兩部份的力量折衝，便可以斷定這個國家是否為「公民社會」的地區；而這個民間團體是否為民主決策的模式，也能了解自治組織的「營利」與「非營利」價值取向，營利者「公司」形態的經營，根本無所謂「民主」的管理——「賺錢」就是最好的原則；反之，非營利者「合作社」形態的經營，則有世界性通用的「民主管理」原則，那也是所有非營利組織的社會價值。

顧忠華以為：若期待臺灣本土非營利組織能夠逐漸走向全球，無疑必須先從自我健全做起。他並舉政大企管系教授黃秉德，曾經在 1998 年著手調查臺灣成立超過 5 年以上的六大類非營利組織（宗教、文教、職業、社福、藝術及環保），對臺灣非營利／非政府組織的經營管理，發現一些內部「治理」的問題，包括管理鬆散、流動率高、不重視制度及程序、人治色彩濃厚、缺乏策略規劃的能力、專業化程度低、決策不民主等等。〔註57〕這些「自治」

〔註57〕顧忠華，〈二十一世紀非營利與非政府組織的全球化〉，收入吳英明、林德昌，《非政府組織》，頁 21。

性的問題，將會決定組織的永續經營能力。因此，本節就從臺灣特別的組織命名權歷史，來談臺灣非營利組織的自治情況。

（一）臺灣民間社團與非營利企業「命名權」自主性的歷史掙扎

1. 2010 年臺灣省科學振興會改制爲全國性社團的過程與波折

> 1991 年 10 月，依省社會處建議，是否另行創設全國性科學振興會
> ——即「中華科學振興會」。但經洽商、研討結果，國內工程師學會
> 等，各種專科之科學會林立，本會會員不多，且分散各縣市，雖臺
> 北、高雄巳升格院轄市，但會員仍佔有比例較臺灣省爲多，如再新
> 設同性質學會，則技術上、事實上，更形複雜困難，是故經理監事
> 聯席會議否決，並函請省府社會處備查在案。〔註58〕

但筆者也遐想，該會前輩在 1991 年否決社會處提議，是否因爲對「臺灣」爲區域的名稱，感情比較眞摯，而排斥冠以「中華」的區域改制。敢於推測潛意識上的狀態，乃在於同理心的存在——該會理事施江南在 228 事件受害、劉明則在白色恐怖統治時期受難被囚十年等陰影，讓他們也在情感上，留下難以抹滅的「外來政權」觀感，所以排斥了「中華科學振興會」的名稱，如此推測，雖然沒有具體文字佐證，卻也不難自由心證出情感上的同理心。果然，2001 年的第 19 屆第 3 次大會會務報告，就獲得證明——當時的省社會處對於改制全國性人民團體，其名稱是否可以使用「臺灣」兩字，仍然舉棋不定：

> 本會會名更正爲「臺灣科學振興會」乙事，省府來函請依照規章辦
> 理，而後來電說明可以接受，不過要確定後再來電告知。但省府於
> 90 年 1 月 31 日來函說明——依法應向內政部申請設立；如欲維持
> 省級組織，則應維持原名稱。

然而，另一種不贊成改名的觀念，則見諸杜聰明《回憶錄》裡，這是他對「臺灣醫學會」在終戰後不予改名的堅持。〔註59〕這個公案紀錄，應該是杜氏站在一個歷史學的角度，來思考的問題，而非以政權立場來考慮，若以今日多元價值的學術觀點而言，則杜氏的主張，顯然比較文明先進。而最有趣

〔註58〕胡均發，〈臺灣科學 65 年簡史〉，《臺灣科學》第 48 卷第 2 期，1995 年，頁 7。

〔註59〕杜聰明，《回憶錄》（臺北：杜聰明博士獎學基金管理委員會，1973 年），頁 189～190。

的是——經過了 60 年的名稱變更，不只「臺灣醫學會」恢復了 1945 年當時政權交接時的名稱，事實上，本會也在 2010 年，回復到 1945 年 10 月 11 日當天，臺灣理工學會改組大會上，杜氏演講稿所使用的「臺灣科學振興會」名稱。〔註60〕

該會原本在光復時登記為全省性團體，但隨後因中央政府遷臺，陸續增加臺北及高雄院轄市後，「省」行政區域縮小，2010 年五個院轄市形成後，「省」的行政區域將形更為縮小。同時因為政府「精省」之措施，該會已從省社會處轉內政部管理，故改制為全國性團體，自然順理成章。尤其內政部「改制全國性團體要點」，已經可以自由選擇「中華民國」或「臺灣」字樣為抬頭之區域名稱。該會經理、監事聯席會議決議選擇「臺灣」字樣，以呼應 1930 年成立「臺灣理工學會」舊名，因此，2010 年 4 月 9 日的理監事聯席會議，及該年 5 月 15 日的會員大會皆能迅速通過。

圖 2-3-1

臺灣科學振興會 2011 年改制為全國性團體的立案證書

2. 臺灣主婦聯盟合作社命名的自主性

2001 年成立的主婦聯盟合作社，向內政部爭取以「有限責任臺灣主婦聯盟生活消費合作社」註冊登記，結果經歷一翻奮鬥，終於如願以償。

> 我們合作社的名稱中，最具有意義的二個名詞——「主婦聯盟」與「生活」，在當初申請登記時，都受到政府的駁回。經過多次的溝通，最後終於同意。這一段歷史值得重複述說，因為社名即能彰顯本合作社成立的初衷。
>
> ……內政部以主管機關行政裁量權，認為「主婦聯盟」四字，已有人民團體命名，不應重複登記使用為由反對。當時經過一再說明：

〔註60〕杜聰明，〈臺灣科學振興會開會致辭〉，收錄於《杜聰明言論集（第一集）》（臺北：杜聰明博士還曆紀念獎學基金管理委員會，1955 年），頁 388。又當時因為已經終戰，但是臺灣尚未成立省政府，故杜博士延用日治地區稱呼為臺灣，並無統、獨政治的意識形態。

共同購買運動由主婦聯盟環境保護基金會孕育出來，雙方有共同的環保理念，決議共名共好。

……至於「生活」二字，內政部認爲消費合作社的定義中提及「凡購進物品，售於社員，供其生活上需要之合作社，稱爲消費合作社」，本來即有生活之意味，不需畫蛇添足。然本社在籌組計畫書中寫到：經營宗旨是爲了突顯生活者的主體性，依據生活之必需來找好的消費品，……是爲生活而消費，不提供非生活必需品。堅持將「生活」二字加在消費合作社名稱之必要性。至於「臺灣」兩個字，係基於對服務地區範圍的確立，堅持到最後才被內政部核准使用。當然這與理事主席擔任行政院婦權會委員之故，得以有充分溝通的機會，促使政府了解組織運作的實際狀況。……本社在與公部門交涉過程中，展現了自立自主的精神。〔註61〕

3. 從其他社團名稱的改變見證臺灣政治民主化的形成

以創設於民國 6 年（1917），在南京成立的「社團法人臺灣農學會」爲例，它爲國內歷史最久之農業學術團體，至今（2011）年已 94 年。1949 年大陸變色，該會遷臺與臺灣省分會合併，沿用「中華農學會」名稱，並於 1976 年籌款興建會所於臺北市溫州街 14 號現址，再於 2008 年更名爲「臺灣農學會」，重新整頓會務繼續發展，並於 2009 年 10 月向臺北地方法院聲請法人登記，同年 12 月 1 日完成法人登記手續，名稱爲「社團法人臺灣農學會」。〔註62〕

「臺灣醫學會」於西元 1902 年 8 月成立，由在臺的日人醫師、藥劑師組成一個民間學術團體，主要目的是爲了醫學學術上之互相連繫和親睦。1946 年臺灣光復後推選杜聰明博士爲理事長，任期長達 26 年。〔註63〕1990 年由

〔註61〕 潘偉華，〈主婦聯盟生活消費合作社實踐自治與自立的探討〉，《第八屆亞細亞姐妹會交流年會手冊》（臺北：主婦聯盟生活消費合作社，2008 年），頁 14～15。

〔註62〕 臺灣農學會網站，http://www.aat2008.org.tw/，2011.01.08 上網。

〔註63〕 杜聰明亦爲臺灣科學振興會的創會理事長，他的任期如果加上日治「臺灣理工學會」時期的 15 年時間，那麼到他 1986 年逝世爲止，共長達 56 年之久。杜氏之所以能夠如此受到愛戴，研究其原因，則不只是他的學識成就足以傲人──臺灣第一位醫學博士及研究成果，被胡均發博士稱許爲「世界性醫藥學泰斗」，更在於他的人品操守及領導群倫的服務精神足以服人，就如同胡均發博士稱許他「偉大的人格」。至於「人民團體法」規定社團的理事長任期，最多只能連任一次，爲何杜氏可以連任 14 任共 41 年？這恐怕是因爲當時戒

「臺灣省醫學會」改爲「中華民國臺灣醫學會」，2000年又改回爲「臺灣醫學會」。〔註64〕可謂臺灣民間團體有趣的命名歷史紀錄。

　　對於社團名稱的抬頭字樣，臺灣省及縣市級者，都比全國級團體名稱統一而單純。因爲原本全國級抬頭，就有「中華民國」、「中華」、「中國」等字樣，是政府行政機構承認的「政治意識型態」選項。但是解嚴以後，社團開始出現對「臺灣」的偏愛，例如全國級教師人權促進會，在1987年剛剛解嚴時申請，便因主管的內政部無法接受「臺灣」的抬頭，所以在不願意妥協情況下，就產生了一個沒有地區抬頭的「教師人權促進會」組織，「主婦聯盟環境保護基金會」也有如此傾向。這算是臺灣社團管理民主化過程的痕跡。而今政黨輪替後，政治更加民主，從這60年來的社團命名「自主性」轉變痕跡，也可見證民主化的過程。

（二）合作社自治性的提升與行政單位的民主管理

1. 合作社主管機構對於自我命名權的善意回應

　　在主婦聯盟合作社國際交流會議上，該社發表「自主命名」經驗後，身爲該社監事主席，又是全國合作社行政主管的陳佳容，也回應三個面向：

　　一、臺灣主婦聯盟生活消費合作社的社名由來：

　　　　合作社的登記案送到內政部後，這種命名前所未有經過多次的研討，經上層長官裁決，最後尊重合作社的決定，顯示臺灣的行政部門具有一定程度的民主素養。

　　二、必要的行政措施：

　　　　爲健全合作社組織，並防止危害社會，對合作社的管理措施是必要的，如登記、紀錄、報備、稽查、考核等，這些措施都是爲使合作社達到服務社員及關懷社區的目的，政府從來不干預其業務經營，充分尊重合作社的自治與自立。

　　三、政府補助款的運用：

　　　　合作行政部門對於辦理教育活動或設備等補助，是爲增進合作

嚴政治環境下，主管行政單位的權宜措施，就像兩位蔣總統任期，也是因爲「動員戡亂時期臨時條款」的修訂，而不受憲法原來連任限制一次的現象，是「非常時期」的特殊現象。不同的是當政府首長，拿納稅人的薪水，用納稅人的公款作資源分配。而民間團體負責人，不只是義工沒薪水，往往還需要拿個人的資財，捐助作爲團體的營運經費。

〔註64〕臺灣醫學會網站，http://formosan.mc.ntu.edu.tw/，2011.01.08上網。

社經營績效，發揮服務功能，促進合作事業健全發展。以回應
人二十餘年在省及中央合作行政部門的經歷中，從未有以補助
款影響合作社的自治與自立。〔註65〕

是故，從此說明，對比於解嚴前的政府管理心態，主婦聯盟合作社登記的時
代，才是真正的民主政治，比之於剛剛解嚴時的教師人權促進會等，求一冠
上「臺灣」服務地區的名銜，亦不可得。此一進步的真正關鍵，雖不是在政
黨輪替之後，〔註66〕但輪替後的非營利組織大幅成長，真正要感謝那些曾經
促成政黨輪替的民主人士。

2. 主婦聯盟合作社自治程度已經可以彈性對應公部門的來函

（1）內政部94年10月14日內授中社字第0940720178號函為例

該文「貴社取貨站為間接經營違背合作社設立宗旨，建請貴社改為自行
經營之好所在，俾降低銷管費用，始符合章程第二條之宗旨」。本案至今已超
過5年，卻被有心老幹部擱置，不只未訂預備處理時程，甚至還安排新當選
理事在臺、日、韓三國姊妹會中，發表反對內政部糾正本案的言論。〔註67〕

這裡面涉及許多前輩親友的利益，合作社裡基層實務人員恐怕「諱莫如
深」，不敢有所作為，來文已經過了2屆理事會，6屆監事會，它不只已被選
任人員遺忘，應該也被當初內政部發文的承辦人所遺忘了吧！

（2）以內政部98年11月10日內授中社字第0980027195號函的發文
為例

該文「茲有貴社社員代表陳情針對訂定『產品開發辦法』中，將理事會
決策權授權或割讓給非選任人員，有違反合作社社員民主管理原則之實務陳

〔註65〕陳佳容，〈自治與自立報告之回應〉，《第八屆亞細亞姐妹會交流年會手冊》（臺
北：主婦聯盟生活消費合作社，2008年），頁18。

〔註66〕筆者曾請教內政部專門委員身分退休的鄭文義先生，與現任人團科長蘇佳善
先生，兩人皆回答「臺灣」一詞可冠於名稱上，是在民進黨執政前的事。

〔註67〕劉秀崔，〈經營Depot的經驗——取貨站vs.好所在〉，《第八屆亞細亞姊妹會
交流年會手冊》（臺北：該社，2008年），頁56。按該文「幾個主動提出轉型
的『取貨站』轉成『好所在』，但以職員取代後，人事膨脹反而增加了經營成
本，且有增加管理層級化及官僚化的現象；在溝通轉型過程中很遺憾地，也
曾出現階層談判的壓迫感覺。」這種污名化轉型正義的說詞，無非在為既得
利益而不願意轉型的「取貨站」說話，這是當時劉氏一個遠離權力核心的人，
所應該不清楚的事項，該觀點顯然被有心人影響，而提出對「取貨站」轉成
「好所在」政策的攻擊。

情案，請依說明辦理（按：報部憑辦）」。

　　這個案件至今已拖延 1 年多，理事會又改選 1 屆，未來被委任為理事的新人，恐怕不知道第 2 屆理事會為什麼要介意新產品開發的議決權，也不知道為什麼第 2 屆理、監事會聯席會議（社務會），需要決議回收產品業務的議決權，在 8 個月後，又被專職的實務人員給「復辟」了——利用又一任新理事會中，在 3 分之 2 新理事不能進入狀況的情形，送出一個違反前屆理事會議決的新辦法，給不明究裡地蒙混過關。〔註68〕

　　以上兩例可證明現在的臺灣合作社事業，不只不會受到政府的業務干預，甚至已經可以自主選擇——聽或不聽命於合作行政主管機關的指導，證明臺灣的合作行政民主已經完全成熟。〔註69〕

〔註68〕這是筆者不忍合作社實務人員同時扮演行政、立法、司法人員，導致權力集中必然腐化的陳情案，該案由內政部受理，轉請該社說明，卻置之不理。事後理事會內新人，不想繼續當橡皮圖章者，已中途辭職。

〔註69〕或者行政機關也沒有作好發文追蹤管理——即發出後，對方是否執行與回覆管控的機制，於是沒有回應公文的單位，也就放任不管了。

第三章　臺灣最早的本土科學組織

前　言

　　經過明治維新而漸趨富強的日本，利用強盛的國力，逐步廢除與西方列強簽訂的不平等條約，收回國家主權，擺脫了淪爲殖民地的危機；而後隨著經濟實力的快速提升，軍事力量也快速強化，更在 1895 年日清戰爭擊敗大清帝國而領有臺灣。而臺人自從 1915 年噍吧年武裝抗日失敗之後，抵抗日本殖民統治的聖戰，轉換成另一種非武裝的形式——新政治、社會、文化運動。

　　1920 年「新民會」在東京組成，發行《臺灣青年》月刊。蔡培火發表〈對內根本問題的一端〉一文，即主張「以開擴胸襟、破除迷信、重視體育、培養興趣、學習科學、振興言論作爲邁向自立自強的第一步。」〔註1〕正是代表臺灣人現代化自覺的宣言，更是非營利組織邁向現代主義的宣言，在整體「新文化」運動中，除了主要的政治運動、文化啓蒙運動、農民運動、勞工運動等爲後人所熟悉與緬懷之外，還有一群爲數不多的理工科學人，在一種強調理性的專業素養中，於 1930 年 10 月 4 日，成立純粹以臺灣人爲組織對象的「臺灣理工學會」，這是臺灣科學人在諸多反殖民體制的社會運動中，所成就

〔註 1〕雖然「日本醫學會總會」在 1902 年設立「臺灣醫學會」的分會（即現在臺灣醫學會），「臺灣博物學會」成立於 1910 年，但這些團體在二戰終戰前的會長、會務，都是由日本人主導，自然不是爲臺灣本島人的現代化而努力，所以不能稱爲臺灣人的科學團體。

的一環，也可以說是自然而然，水到渠成的現象。〔註2〕而臺灣科學振興會恭逢其盛地成爲今日臺灣本土科學家自覺的最早團體，與現代化非營利組織的「活化石」。

圖 3-1-1　　　　　　　　　　　圖 3-1-2

1930 年（昭和 5 年）11 月 9 日「臺灣理工學會王超英君送別紀念」（李永志翻攝）　　　《臺灣日日新報》在 1930 年 10 月 11 日報導「台灣理工學者組織學會」（李永志翻攝）

第一節　臺灣科學振興會興起的時代意義

　　回顧 1920 年前後，由於受中國革命成功的激勵，第一次世界大戰後民族運動的刺激，日本國內民主與自由主義思想的影響，臺灣有識之士於是展開了如火如荼的政治、社會運動。1930 年「臺灣理工學會」的誕生，見證了臺灣人新文化運動的興起。

一、臺灣理工學會（1930～1945）的組織

　　在差別政策下的日治時代，這「臺灣理工學會」是一個因爲共同「民族意識」、「反抗意識」所緣起的組織。臺灣第一位電氣工程師——朱江淮先生的回憶錄上，有一段「臺灣意識」的「民族」與「民生」主義之歷史見證。

　　　　當時臺灣總督府採取教育差別政策，以優越感擁護日本人在臺灣發展。我們受歧視的臺灣青年多半感到憤怒不平，大家普遍抱持著要親睦團結，爲臺灣奮鬥努力的心理。

　　　　1930 年，我大學剛畢業，幹勁十足，覺得有必要邀集專攻理工科的

〔註 2〕李永志，《臺灣科學振興會八十年會史——兼論杜聰明歷史地位》，頁 36～38。

　　科技同好，互相切磋團結、奮勉努力，定期集會、懇親聯繫，因而
　　組織一個團體，每年集會一、二次，以交換專門智識、連絡感情，
　　鼓勵後輩進修理工科，並斡旋後輩之就業爲宗旨。

「臺灣理工學會」於 1930 年 10 月 4 日創立，僅有朱江淮、林贊生、楊振海、
王超英、楊慶豐、陳能通、張基全、吳祈總、陳周、吳水柳、吳運逢、杜聰
明共僅 12 人，在淡水公會堂召開成立大會。數年後因爲中、南部科技學校學
生陸續畢業，而增至 40 人（終戰前），但是自從日本發動侵華戰爭，對臺灣
人集會管制又趨於嚴格，所以該會只能維持，無法開展其他業務。

圖 3-1-3　　　　　　　　　　　　　　　圖 3-1-4

淡水公會堂是現在新北市淡水區「文化　　　　　臺北市私立靜修女中是「臺灣省
大樓」的前身（李永志攝）　　　　　　　　科學振興會」的誕生地（李永志攝）

二、臺灣省科學振興會時期的歷史

（一）驚濤駭浪、暴肥狂瘦的組織淬煉期（1945～1986）

　　日本戰敗後，臺灣的高級知識份子，尤其是科技人員更是展現高度的熱
忱。臺灣理工學會的幹部們劍及履及，經常在臺灣第二位醫學博士——施江
南的醫院，研商要如何幫助前進指揮所及行政長官公署，直到到深夜。並爲
積極投入臺灣科學之新建設，遂決議改組「臺灣理工學會」爲「臺灣省科學
振興會」，因此，有 600 位科技人在陳儀尚未來臺前的 1945 年 10 月 11 日，聚
集在臺北靜修女中，參加改組大會。

1. 在臺灣政權移交時，科學家們愛國大團結的表現

　　改組爲「臺灣省科學振興會」以後，會員人數激增至 3,278 人，個個熱烈

希望參加協助接管或接收工作，見證了一個大團結的場面。此時期也開始嘗
試推廣科學普及工作，並配合臨時省參會的議員工礦考察團，推派會員專家，
視察省內工廠，貢獻意見。

2. 在臺灣政權移交後，本地科學家的失望與挫折

顏朝邦在〈迎接六十週年、謹表萬分賀意〉，代表了科學家當時對國民政
府的失望：

> 戰後的臺灣百廢待舉，日人撤退後應以臺灣人自己的雙手重新建設
> 臺灣，這一股熱情之火一直在臺灣科學振興會會員的內心燃燒著。
> 然而事實的演變卻成為「事與願違」的遺憾，臺灣建設的主角，最
> 後卻落到來自大陸人士，為數眾多的臺灣優秀人才，仍然屈居戰前
> 的位置——只能充當副手及基層人員。

3. 在 228 事件至戒嚴前期，本地科學家的恐怖煎熬

這群科學人從「非常興奮與感激」到「失望與沮喪」心路歷程之後，還
有更料想不到的恐怖統治，以淬煉他們的友情與意志——施江南理事遇害與
劉明常務理事以「資匪」嫌疑身陷囹圄，益增整體會務的不安。

4. 戒嚴前期的瀕臨瓦解

1950 年是該會的「劫數」年，依照杜聰明的說法：「因本會出版財源之煤
鑛權力滿期，缺乏印刷費遂至暫時出版中止，又講演會自然減少，遂至本會
全體亦暫時停頓無活動而至現在。最近省社會處……，催促開會員大會，重
新改組，否則要解散云云，所以吾等舊幹部開理監事會磋商，決定舉行會員
之重新登記，來報會員登記者達 237 人，〔註3〕……，所以 39 年 10 月 8 日，
在中山堂和平室開會員大會，決議改組，照新人民團體組織法，選出理監事，
重新推行。」

於是一個 3,278 人的團體，少掉了 3,047 人，剩下不到十分之一人數，如
此潰散的組織發展，一如中央研究院遷臺，只剩九分之一的院士。其衝擊的
背景自是一個「非常」的政治、社會、經濟環境使然，所幸幹部們有心圖強，
有如林挺生理事等願意協助財務籌募，顏朝邦總幹事願意繼續承擔總務，支
援後勤人力，於是重起爐灶。

〔註 3〕 杜聰明，〈臺灣省科學振興會之重新改組及今後之事業計劃〉，《臺灣科學》第
4 卷合併號，1950 年，頁 1，按同期頁 35～41 名冊實際統計為 227 人。

圖 3-1-5

圖 3-1-6

1946 年 4 月 28 日正式改組及其後經常
演講地點在臺北市中山堂（李永志攝）

早期臺灣省科學振興會在中華路 88 號的會址
——即今中華路一段 88 號「臺陽礦業」大樓
所在，距離中山堂很近，方便了當時辦理活動
（李永志攝）

（二）戒嚴體制下「臺灣省科學振興會」的穩健茁壯期（1950～1986）

1947 年 4 月省政府成立，「臺灣省科學振興會」是向省政府登記為第一個學術性的團體，杜聰明擔任理事長，不只他被聘為臺灣省政府委員，幹部如徐慶鐘任農林廳長，陳尚文、朱江淮先生則先後任建設廳長，徐水泉任農業試驗所所長，周春傳、蔡瑞唐先後任臺灣電力公司要職，其他多數同仁，或榮任大學教授，或主持工廠等，在各自工作崗位上努力，對臺灣新建設頗多貢獻。

1. 發行科學季刊，鼓勵研究風氣

該會《臺灣科學》刊物是早期科學人，甚至是大學教授升等論文的重要發表園地——從 1947 年（民國 36 年）10 月 10 日開始發行，至今共發行 54 卷 132 冊，是臺灣本土第一本科學研究刊物。

2. 吸收新知辦座談演講會，「工廠見學」兼顧實務經驗

早期會務上，為了充實會員新知與普及科學教育，曾經每月舉辦一次學術座談會或不定期之演講會，同時每年辦理 3～4 次工礦事業參觀及觀摩會，足見本會對於「產」、「學」兼顧的工作方向，可以說早期臺灣大型工廠都曾有會員行經的足跡。

3. 參與中日文化經濟協會設置之技術委員會，推派人員赴日研修

自 1963 年至 1972 年中日斷交止之 10 年間，計派二千多人次赴日，提昇臺灣科技人才實力，爲重建國家建設不遺餘力，貢獻頗多。

圖 3-1-7	圖 3-1-8

1971/10/9 參觀大同公司　　　　　1971/12/18 參觀聲寶土城廠（李永志翻攝）

（三）世代交替、守成不易「臺灣省科學振興會」維持期（1986～2010）

這一個時期因爲創會理事長的逝世，影響了整個團體的活力，筆者因爲整理會史的資料，明顯發現 80 年來有不同的分期，[註4] 尤其是杜聰明爲理事長期間，所表現的成果是比較豐碩的，這並不是說其他屆的理事會不努力，或者是能力差的意思，而是杜聰明聲望與領導能力，極爲突出，其後之理事會或理事長實難以望其項背。甚至讓其他同志在杜博士逝世後，曾考慮結束該會。[註5]

1. 陳發清擔任第 15 屆代理理事長任期

（1）本屆計發行《臺灣科學》第 3 卷第 3 期。

（2）循例辦理會議、學術與產業參觀聯誼活動。[註6]

2. 胡均發擔任第 16～17 屆理事長任期

由於胡均發有自己的公司人力與財力資源，該時期頗多創新之措施，如「杜聰明博士科學獎章」褒獎辦法、「鑽石會慶」表揚有功會員等。

〔註 4〕李永志，《臺灣科學振興會八十年會史——兼論杜聰明歷史地位》，頁 33～35。

〔註 8〕李永志，《臺灣科學振興會八十年會史——兼論杜聰明歷史地位》，頁 45。

〔註 6〕李永志，《臺灣科學振興會八十年會史——兼論杜聰明歷史地位》，頁 142。

（1）1989 年 10 月第 16 屆理監事改選後，該會會所即遷至北市忠孝東路
　　四段 54 號 4 樓辦公。原按章程規定可在中、南、東部設分會，便利
　　會員聯絡、服務，後因人數有限，已設之高雄、臺中、花蓮分會，後
　　視其實況停辦。

（2）《臺灣科學》編輯委員會，由臺大教授楊寶旺主持，本 2 屆計發行
　　《臺灣科學》第 6 卷第 8 期。

（3）該會名譽理事長朱江淮仙逝後，於 1995 年 6 月 24 日召開理監事聯
　　席會議，推舉陳發清為該會名譽理事長，並由廖玉燕補實常務理事，
　　毛義芳補實為理事。

（4）「杜聰明博士科學獎章」褒獎辦法，經二次審查委員會審議，決提理
　　監事會通過。

（5）1990 年 10 月創立 60 週年紀念大會（鑽石會慶），該會表揚有功會
　　員：計有特等獎 20 名、優等獎 15 名。〔註7〕

3. 林雲山擔任第 18～19 屆理事長任期

林雲山任職淡江大學校長期間，會務發展因學校同仁協助總幹事工作，
而頗為順利，然而在承傳制度缺乏情況下，產生了第20屆「急就章」的移交
狀況。

（1）該屆計發行《臺灣科學》第 5 卷第 7 期，由淡大教授王伯昌總編
　　輯。

（2）循例辦理會議、學術與產業參觀聯誼活動。〔註8〕

（3）會所遷至臺北縣淡水鎮英專路 151 號淡江大學辦公。

4. 吳澄清擔任第 20 屆理事長任期

由於吳澄清為臨危受命性質的會員與理事長，對於會務的情感與投入時
間，總是不如早期元老，甚至還發生因其事業龐大而疏忽了會務推動的情
形。

（1）該屆計發行《臺灣科學》第 1 卷第 2 期，由淡大教授王伯昌總編輯。

（2）循例辦理會議、學術與產業參觀聯誼活動。〔註9〕

〔註7〕〈本會 60 週年鑽石會慶受獎人排行榜〉，《臺灣科學》第 43 卷，頁 19～31。
〔註8〕李永志，《臺灣科學振興會八十年會史──兼論杜聰明歷史地位》，頁 145～
　　　146。
〔註9〕李永志，《臺灣科學振興會八十年會史──兼論杜聰明歷史地位》，頁 146。

三、改制「臺灣科學振興會」的轉型期（2010～迄今）

圖 3-1-9

臺灣科學振興會於 2010 年完成網站的建立（李永志翻攝）

（一）順應時代改制為全國性社團

為因應政府先後有「精省」與「五都」規劃的政策，省級組織若不改制為全國性團體，將來會員的吸收來源，將限制在「五都」外的省管地區，必然不利於會務發展。是故在第 19 屆未能順利改制之後，直到第 21 屆理事會，於 2010 年透過理、監事會聯席會議與會員大會，決議變更會名為「臺灣科學振興會」，經呈報「章程」給予主管單位核定，終於在 2010 年 11 月完成所有程序。

（二）電腦網路與數位化，增加會務服務空間

依據前任理事長胡均發在〈臺灣省科學振興會 65 年簡史〉文中的電腦化與數位化指導云：

> 盼望所有親愛的會員們，生活在工業社會轉移資訊情報「電腦自動化」社會之期，一切潮流變化，全球性傳播信息，變化迅速，多端莫測，正瞬息萬變，毫無休止當中，願大家留意身心健康，隨時吸收新知充實智慧，創新自我，把握機先，切勿躊躇漫步不前，落伍

於人後，而後悔不及。希勇敢的向前邁進，幸甚！幸甚！〔註10〕

於是該會架設網站，如今基本靜態資料已經完成，全功能工程也將於 100 年 7 月上線。

（三）配合時代潮流，接軌世界非營利組織環境保護與生態保育議題

根據國際協會聯盟的統計，目前全球非政府的國際組織中，所關切涵蓋的事項包括：民主推動、人權保護、文化交流、新聞資訊、醫療衛生、環境保護、經貿投資、科技交換⋯⋯等各項目。

該會往年強調的國際交流是科技交換、文化交流等項目，如今許多環境科技相關會員已有共識——嘗試往生態保育方面擴大服務，目前已經與新北市淡水區中泰國小合作，進行人工濕地復育計畫。

（四）產學合作，共創產業、學術、社會共贏機會

創會以來，該會即以產業與學術結合為特色，所以本屆曾榮華副理事長發揮其科技與商業專才，期待為產業與學界進行媒合，以提昇臺灣科技，陸續已安排多場活動。

（五）公私單位策略聯盟

1. 目前已經與國家圖書館簽訂《臺灣科學》期刊論文索引系統授權合作協議書。

2. 辦理活動採用合作方式辦理：

   （1）2008 年臺灣菸酒公司臺北啤酒廠參觀及專題演講與聯誼會。

   （2）2009 年國立臺灣博物館會員大會及專題演講與聯誼會。

   （3）2009 年臺北縣淡水鎮中泰國小濕地生態保育專題演講與聯誼會。

   （4）2010 年桃園縣南崁義美公司見學館會員大會及專題演講與聯誼會。

   （5）2010 年國立歷史博物館專題演講與聯誼會。

   （6）2011 年與國立科學教育館合辦「建國百年」活動特展；與及國立科學工藝博物館合辦「科學刊物」特展。

四、臺灣科學振興會在現代化潮流中的精神特色

（一）國際化淵源——日治時代的仲介

根據杜聰明在該會第 28 次學術講演會上表示——邀請日本九州大學的岡

〔註10〕胡均發，〈臺灣科學 65 年簡史〉，《臺灣科學》第 48 卷第 2 期，1995 年，頁 1。

本要八郎教授來臺演講的介紹辭說法，臺灣科學振興會在 1930 年時，以臺灣理工學會的名稱創立，其實就是採用了岡本要八郎與同好創立的「臺灣博物學會」及「日本學術協會」兩會的模式，其組織宗旨，是為了努力想要發達臺灣的自然科學。〔註 11〕

1930 年正當世界經濟大恐慌之際，日本對臺灣殖民地政策，也因其「南進」的戰略而調整——「工業化」及「皇民化」，以進一步動員臺灣的社會、經濟力量，故以開發電力為首，接著水泥、肥料、製紙、纖維、鹼、鋁、酒精、天然氣及煉油、製鐵、機械等現代工業陸續引進臺灣。〔註 12〕而臺灣理工青年已經敏銳地嗅出了這一個時代的改變，知道不團結不足以解決臺灣人被歧視的地位。

「臺灣理工學會」在日治時期，與其他日本人組織成立時間比較，並不是最早的學術團體，然而卻是純粹由臺灣人科學家為臺人尊嚴而自動自發、自主自立組織的團體，可以說是最早具有本土意識的科學團體。「臺灣理工學會」的籌組意義，不只在該時代具有明顯的「臺灣意識」，更在提昇「真、善、美」的臺灣人精神內涵。透過日本的仲介，他們與歐美科學界得以間接或直接取得國際化的連結。

（二）本土化與根植於土地的意義

我國的人民團體，雖然隨著政治民主化而增加，尤其是 1987 年解嚴之後，更為明顯。同時，隨著科技的進步，各種分門別類的專業科技組織，也如雨後春筍般出現。然而，綜合性科學團體卻越來越少，如今只剩臺灣科學振興會一個。

非本土綜合性科學社團的解散情況有兩個大組織，其一為「中華科學協進會」，它於 1914 年在大陸成立，時稱「中國科學社」，1954 年在臺灣復會，至 1961 年已有 654 名會員，理事長是程天放（曾任教育部長，其後的張其昀部長也是理事），通信處也暫設教育部，可說是官方支持的團體，而今已經解散無蹤。〔註 13〕

〔註 11〕杜聰明，〈臺灣省科學振興會第 28 次學術講演會致辭及介紹講演者岡本要八郎先生〉，日文版收錄於《杜聰明言論集（第一集）》（臺北：杜聰明博士還曆紀念獎學基金管理委員會，1955 年），頁 636。另有翻譯版刊登於「生活環境博物園雜誌」第二期，1999 年 6 月。

〔註 12〕劉進慶，《臺灣戰後經濟分析》（臺北：人間出版社，1992 年），頁 13～14。

〔註 13〕張泰祥主編，《中華民國五十年來民眾團體》，頁 233。編印刊物「中文科學彙

另一個「中國自然科學促進會」於 1951 年成立，至 1961 年已有 1 千多會員，團體會員 7 個，無固定會址，1961 年時暫設於臺灣大學二號館二樓作通信處，理事長是戴運軌（曾任教務長兼物理系主任），編印定期刊物《科學教育》月刊外，並與國立編譯館合作編印「現代科學叢書」、審定科學名詞，協助會員出版專著等；此外，另設「演講委員會」，定期舉行有關自然科學方面的公開演講；又設「會員徵求委員會」，負責徵求會員。〔註14〕可說是在 1961 年代非常活躍的主流綜合性科學社團，但《科學教育》月刊於 1973 年隨著會務停頓而終結。〔註15〕

（三）臺灣科學振興會歷經八十年的治理危機

隨著年歲老大，創會元老的陸續凋零，該會第 20 屆的任期中，不只會務無法正常運轉，又拖延 3 年任期未改選，該會幾乎名存而實亡，所幸尚有不忍心會務停頓的會員重新召開大會，推薦理監事繼續第 21 屆營運，它的危機比之終戰後，那段戒嚴與白色恐怖初期時間，有過之而無不及。今天雖然存活下來，但是在業務與財務的嚴峻挑戰下，若無法突破現況，則未來仍然無以為繼，也將無以為「治」。

最近一個經營 40 年科普特色的《科學月刊》，也發出了「遺憾」的感嘆——因為他們一直想要經營一個「臺灣科學促進會」（The Taiwan Association for Advancement of Science）的科學組織，卻遲遲未能達成，而留下未竟之功。〔註16〕然而現實上，「臺灣科學促進會」早已經在臺灣第一代科學家手上組織經營了 80 年，它的名稱為「臺灣科學振興會」（The Formosan Association for Advancement of Science）。筆者不免納悶，臺灣的科學人世界是否應該加強交流？也感覺第一代本土科學家是那麼地了不起——早已搭起了第二代科學家準備了 40 年還未完成的平臺。〔註17〕

報」及「Bulletin of CAAS」、「中英文年會論文專集」、「原子能和平用途專集」等，注重國際學術聯繫，並加入國際組織為會員，解散時間待查。

〔註14〕張泰祥主編，《中華民國五十年來民眾團體》，頁 165。

〔註15〕張之傑，〈臺灣綜合科普刊物之回顧與展望〉，收錄於《國家圖書館館訊》，國家圖書館出版，民國 97 年，頁 4。

〔註16〕林照真，《臺灣科學社群 40 年風雲——記錄六、七〇年代理工知識份子與科學月刊》（新竹市：國立交通大學出版社，民國 99 年），頁 299～300。

〔註17〕古人以 30 年為一世，前者成立於 1930 年，向國民政府登記於 1945 年，比後者早 25～40 年，在此用第一、二代形容，只是傳統習慣，並無任何褒貶之意。

第二節　臺灣科學振興會的社會貢獻與科學研究

一、臺灣科學振興會對臺灣現代化社會的貢獻〔註18〕

（一）臺灣理工學會時代的貢獻

> 臺灣省科學振興會是本省唯一之自然科學綜合團體。其前身爲日據
> 時代之臺灣理工學會。原係由理、工、農、醫各專科以上之臺灣同
> 胞，爲謀互相聯繫及交換知識，於民國19年倡設而成，每年開會一
> 兩次。斯時會員約有三四十人，俱爲新進氣銳之士。日據時代日人，
> 對於本省人士之活動範圍，頗多拘束，因此每次集會，都爲其多方
> 掣肘。〔註19〕

這一段的業務情形，應該是受限於日本政府的〈治安警察法〉，對於當時臺灣人的集會多所控制，誠如上文「多方掣肘」的結果，故相關記載不多。筆者能想像的是「互相聯繫及交換知識」，或者「斡旋後輩之就業」等類的活動。

（二）臺灣省科學振興會時代的貢獻

臺灣理工學會改組擴張爲臺灣科學振興會，依照該會現存最早之正式文件——杜聰明於 1945 年 10 月 11 日靜修女學校講堂，所宣示的講稿可以得知，〔註20〕八十年來的會、業務，基本上是相接近的。

1. 協助國民政府接管或接收工作（1945～1946 年）

1945 年 10 月 25 日正式接受日軍降書後，「前進指揮所」各部門立即展開接管工作，該會即得臺灣電力會社之同意將其臺北營業所之二樓全部空出來，供「工礦組」作辦公場所，至正式接收時（1946 年 5 月 1 日）爲止。

當時該會協助接管或接收工作的人員，主要如下：

杜聰明、陳尙文、徐慶鐘、魏炎曜、陳發清、劉盛烈、林朝棨、顏滄濤、顏蒼波、楊進順、楊祖馨、林國謙、徐水泉、胡均發、黃龍泉、劉阿才、周克彬、梁子健、蔡瑞唐、周春傳、蕭炯昌、傅慶騰、陳定國、陳拱北、林讚

〔註18〕本節主要內容摘錄拙編撰，《臺灣科學振興會八十年會史——兼論杜聰明歷史
　　　　地位》，臺北：該會出版，2011 年 5 月，頁 22～35。

〔註19〕〈臺灣科學振興會〉，收錄於張泰祥主編《中華民國五十年來民眾團體》，頁
　　　　650。

〔註20〕杜聰明，《杜聰明言論集（第一輯）》（臺北：杜聰明博士還曆紀念獎學基金管
　　　　理委員會發行，1955 年），頁 388，是該會最早正式文件。

生、楊慶豐、廖學義、林挺生、顏朝邦、吳水柳及朱江淮等三十一人。〔註21〕

　　他們協助國民政府接收的單位，主要是個人曾經服務之單位為主，例如杜聰明奉命接收臺北帝國大學的醫學部及醫學專門部、附設醫院、熱帶醫學研究所、日本赤十字社臺灣支部及支部醫院。

2. 臺北廣播電臺科學講座（1946～1947 年）

　　為了普及本省科學教育起見，臺灣廣播電臺開設科學講座，委託該會擔任工作，從 1946 年 5 月 11 日，由杜聰明開始第一回後，會員陸續開講，是當時該會對於社會大眾最具特色的服務，但其紀錄只到 228 事件前結束，該表不只是臺灣人自覺性的科學普及運動紀錄，也是尋找當初科學家專業研究的領域紀錄，故特別摘錄如下表 3-2-1。

表 3-2-1：臺北廣播電臺 1946～1947 年科學講座 〔註22〕

日期（民國）	題　　　　　目	主　講　者
35／5 月 11 日	臺灣省科學振興會之組織及事業	杜聰明先生
5 月 18 日	本省製糖業的動向	王超英先生
5 月 25 日	臺灣農會的使命	廖學義先生
6 月 1 日	本省之科學建設	朱江淮先生
6 月 8 日	臺灣過去及現在之衛生狀況	施江南先生
6 月 15 日	關於自給肥料	林國謙先生
6 月 22 日	民生與科學技術	蕭苑室先生
6 月 29 日	臺灣工礦的復員問題	廖文毅先生
7 月 6 日	齲齒的原因及其預防法	張　善先生
7 月 13 日	臺灣製藥界的將來	鄭水金先生
7 月 20 日	臺灣新建設與農業	羅啓源先生
7 月 27 日	本省的電氣文化	蔡瑞唐先生
8／3／10／17 日	臺灣工業之展望	顏朝邦先生
8 月 24 日	在家庭的蛋白質給源	董大成先生

〔註21〕朱江淮，〈回顧臺灣省科學振興會創立五十週年〉，《臺灣科學》第 34 卷，1980 年，頁 5。

〔註22〕會務報告，〈臺北廣播電臺科學講座〉，《臺灣科學》第 1 卷，1947 年，頁 26 ～27。

8月31日	平均地權與臺灣農業	李添春先生
9月7日	製鐵之歷史	方春樹先生
9月14日	科學的育兒法	魏火曜先生
9月21日	石灰窒素與其施肥法	徐水泉先生
10月5日	關於紡織工業	翁琳榜先生
10月12日	本省當面之問題與該會之見解	杜聰明先生
11月23日	中國工業之時局問題	顏朝邦先生
11月30日	臺灣的地震及颱風	賴秋文先生
12月7日	臺灣工業的再編成	方春樹先生
12月14日	臺灣新建設與農村人態度	廖學義先生
12月21日	關于臺灣的樟腦	周克彬先生
12月28日	探討我國工業落後之原因	劉　明先生
36/1月18日	眼前應注意的衛生事項	郭琇琮先生
2月1日	科學的發達與文學	周春傳先生
2月8日	光復後我臺葯業之責任	李義人先生
2月15日	談電氣與保安	張汝檠先生
2月22日	電子與日常生活	黃演燎先生

圖 3-2-1　　　　　　　　　　　　圖 3-2-2

臺北廣播電臺在 228 事件前是該會科普園地
（李永志攝）

發行《臺灣科學》，正是「樂學至上、
研究第一」的實踐（李永志翻攝）

　　筆者相信這些題目都是講者自訂的專業項目。這當中比較感受到「愛之深責之切」的題目，則是劉明的「探討我國工業落後之原因」，相信那是爲了「中華民國」工業的進步而發言，但不知當時的主政者與警總情治單位聽了是否會刺耳？因爲劉明在戒嚴後被羅織「資匪」罪入獄。

3. 參與省政考察與該會科學家被官僚與民間體系網羅

　　1947 年 1 月，臺灣省議會聘任該會專家——共九十數名，〔註23〕組織工礦考察團，實地考察評估，提報當局，如何整合繼續經營或改組民營等方案。同時該會理事徐慶鐘任農林廳長，陳尚文，朱江淮爲前後任建設廳長。其他成員有些是大專教授，或民間負責人等，多屬才幹，紛紛以專業服務社會。

4. 臺日科學技術交流

朱江淮在〈回顧臺灣省科學振會創立五十週年〉文中提到：

> 本省光復，繼續接收和修復之後，進而要作擴張和改善設備時，深感我們的技術人員之經驗和技術方面極需到工業先進國家去學習。但因本會之基礎如對外國之知名度尚不夠獨自舉辦此項煩重工作。經各種考慮及接洽終於獲得中日文化經濟協會會長何應欽將軍之讚同及其理事會通過，於五十二年一月四日在中日文化經濟協會之下成立一個小組稱爲「中日技術交流委員會」，由本人及顏朝邦董事長先後擔任主任委員，臺灣電力公司蔡瑞唐協理擔任副主任委員，展開選派電力、地質、建築、港灣、公路、採礦、農業、紡織、食品等各方面之技術人員前往日本研修，其研修期間由三個月至一年不等。由五十二年至六十一年（中日斷交爲止）十年間選送約二千多人月的技術人員前往日本進修，一切費用包括來往交通在內全部由日方負擔。爭取了總額約二億五千萬日圓之研修費用。至這批研修人員對嗣後在本省各方面的經濟建設之貢獻，實無法估計的。〔註24〕

5. 會員進修「專題演講會」與產業的關懷之旅「工礦參觀會」

早期配合理監事會議與會員大會，每每辦理新科技演講會活動。1974 年

〔註23〕〈本會消息〉，《臺灣科學》第 1 卷，1947 年，頁 27。但依胡均發，〈臺灣科學 65 年簡史〉，《臺灣科學》第 48 卷第 2 期，1995 年，頁 2，則稱 25 人。

〔註24〕朱江淮，〈回顧臺灣省科學振興會創立五十週年〉，《臺灣科學》第 34 卷，頁 7。

第12屆第一次大會決議促進學術交流，擬每月舉辦學術研討會（原則上選訂星期六舉辦），科學座談會由朱江淮先生主持，至1978年5月5日第49次後結束，其後合併在定期新科技演講會辦理。

　　爲了增進產學合作與交流機會，每年舉辦會員參觀工礦廠商，兼顧會員聯誼與專業觀摩活動，並盡可能北、中、南分區輪流參觀，從早期每年 3～4 次，到近期1～2次。

圖 3-2-3　　　　　　　　　　　　圖 3-2-4

1995年專題演講（李永志翻攝）　　　　1996年專題演講（李永志翻攝）

6. 杜聰明博士科學獎章頒獎

　　臺灣省科學振興會〈杜聰明博士科學獎章〉褒獎辦法，自1990年11月1日正式通過並生效，科學獎章頒獎紀錄如表3-2-2。

表3-2-2：科學獎章頒獎紀錄

年　度	得　　獎　　人	年　度	得　　獎　　人
1993	陳發清、蔡瑞唐、楊玲玲	1997	邱再發、張錦得
1994	劉盛烈、楊藏雄、顏朝邦	1999	杜祖健、林雲蓮
1995	郭悅雄、李國雄、林松根	2001	陳益昇
1996	楊金平、陳瑩霖	2011	張哲政、林孝信（特別貢獻）

（三）臺灣科學振興會時期的貢獻

1. 產學合作的試辦

　　積極辦理學術界與產業界之媒合座談會，舉行健康保健座談與產業介紹等活動。

2. 新的環境保護與生態保育關懷

配合世界性非營利團體訴求的環保議題共識，該會認養社區國小的相關濕地保育工作，以為會員活動項目。

圖 3-2-5　　　　　　　　　　　　　　圖 3-2-6

「產學合作」2009 年健康生技講座　　　中泰國小生態保育成果
（李永志翻攝）

二、《臺灣科學》期刊的科學研究

（一）本土最早國人自辦科學研究刊物

1947 年創刊的《臺灣科學》（The Formosan Science）是否為臺灣第一本科學雜誌呢？答案是否定的。因為日治時代的臺灣醫學會於 1902 年創立，同年創刊《臺灣醫學會雜誌》，簡稱《臺灣醫誌》一直是臺灣地區最高的醫學權威雜誌。〔註25〕而成立於 1910 年的臺灣博物學會，其機關報為《博物學會會報》，及 1933 年成立的臺灣博物館協會，其機關報為《科學の臺灣》，也都早於《臺灣科學》。〔註26〕然而論及光復後，臺灣人民可以當家作主，發行自己的科學研究雜誌，則毫無疑問是這本《臺灣科學》的刊物。〔註27〕

世新大學教授張之傑〈臺灣綜合科普刊物之回顧與前展〉一文，曾在註

〔註25〕臺灣醫學會網站，http://formosan.mc.ntu.edu.tw/，2011.01.08 上網。

〔註26〕李尚穎，〈臺灣總督府博物館之研究（1908～1935）〉（國立中央大學歷史研究所碩士論文，2005 年），頁 8。

〔註27〕36 年 10 月 10 日開始發行《臺灣科學》，是早期臺灣科學人，甚至是大學教授升等論文的重要發表園地。

釋中表示：

> 《臺灣科學》季刊 1947 年 3 月創刊，由臺灣省科學振興會發行，可
> 能是光復後的第一本科學雜誌。該刊「投稿簡則」上說：「本誌關於
> 研究科學及技術，普及一般科學知識之文藝寫作，歡迎投稿。」但
> 觀其內容，以刊登論文為主，少有「普及一般科學知識之文藝寫
> 作」，故不能列為科普刊物。

其中除了提到「1947 年 3 月創刊」的月份應改為 10 月外，他對《臺灣科學》
的觀察描述是十分客觀，因為《臺灣科學》確實是光復後的第一本科學專業
雜誌，同時它也不是一本「普及一般科學知識之文藝寫作」的刊物。

前者是該會在「廣告刊例」中，明白指出「本會集中本省科學技術專家
編著《臺灣科學》，會員遍布全省，讀者遍及全國，乃本省唯一之科學雜誌。」
應該是他們這些被尊重的科學家很自信與自豪的說法。而對比於該會當時曾
經「受贈圖書」的紀錄，則除了大陸幾本科學普及雜誌早於《臺灣科學》的
刊物之外，[註28] 臺灣本土其他公、私學術單位，則多數因為大陸陷入內戰，
人員與經費都在極度困難。這種戰後的情況，就連日本學會雜誌，也多縮減
篇幅，或合併發刊。這是《臺灣科學》在發刊五週年的「編輯後記」中，約
略表示該刊有助於臺灣科學的進步，是堪以安慰的事情，應非吹噓的「老王
賣瓜」。

後者提到該會的遺憾，究竟沒有能力在「科學普及」方面來著力，一如
創會當初，元老們想開辦「自然科學補習學校」，或設立「科學館」等之計畫
——皆因為缺乏資金，未克實現。至於打算發刊「科學普及」雜誌，曾在 1959
年理監事聯席會議中討論，甚至付委研究，卻也無法落實。[註29] 因此，其
後留美學人能開創新局，出版《科學月刊》雜誌，以推廣「科普」工作，實
在令人佩服。

（二）《臺灣科學》相關內容演進之研究

1. 發行時間與地點

《臺灣科學》創刊第 1 卷第 1 號，發行時間選擇在 36 年 10 月 10 日國慶
日，從裡面創刊辭等內容，知道此舉本來就有慶祝國慶的意思。基本上，雜
誌是朝向「季刊」方式發行，也就是說盡可能在每年 3、6、9、12 四個月中

〔註28〕〈總務報告〉，《臺灣科學》第 13 卷第 1 期，1959 年，頁 36。
〔註29〕〈總務報告〉，《臺灣科學》第 13 卷第 1 期，1959 年，頁 36。

圖 3-2-7　　　　　　　　　　圖 3-2-8　　　　　　　　　　圖 3-2-9

是創刊號，現在可稱為　　是刊載於第 2 卷第 4 號的「廣告刊例」　　是第 2 卷第 1 號，發行
絕版古書了，由於當時　　　　　　　　　　　　　　　　　　時間是 1948 年 3 月 10
紙質不佳，若不小心翻　　　　　　　　　　　　　　　　　　日，當時已核准登記，
閱，就會破損　　　　　　　　　　　　　　　　　　　　　　有了很特別的「京警臺
　　　　　　　　　　　　　　　　　　　　　　　　　　　　　字」字號（李永志翻攝）

發行，然而科學研究的文章，其來源本來就難以掌握，因此，縱然解決了出版經費的問題，稿源不足，巧婦難為無米之炊，就會脫期。至於發行所地址變動如表 3-2-3。

表 3-2-3：《臺灣科學》發行所地點 〔註 30〕

序	地　　　　　址	開始使用時間	備　註　欄
1	臺北市中華路 172 號 （民國 61 年戶政單位改為中華路一段，89 年 172-1 號）	第 1 卷第 1 號 （1947 年 10 月）	臺陽鑛業公司
2	臺北市中華路 88 號 （民國 61 年改為中華路一段）	第 2 卷第 1 號 （1948 年 3 月）	臺陽鑛業公司
3	臺北縣新莊莊鎮化成路 341 號	第 28 卷第 3／4 號 （1974 年 12 月）	三陽金屬公司
4	臺北市林森北路 67 巷 57 號	第 31 卷第 1 號 （1977 年 3 月）	杜聰明基金會
5	臺北市復興北路 57 號 3 樓	第 41 卷（1987 年 12 月）	史格亞公司
6	臺北市忠孝東路四段 54 號 4 樓	第 43 卷（1990 年 11 月）	開鑼實業公司
7	臺北縣淡水鎮英專路 151 號	第 49 卷（1997 年 12 月）	淡江大學化學館 607 室

〔註30〕 李永志，《臺灣科學振興會八十年會史──兼論杜聰明歷史地位》，頁 29～30。

圖 3-2-10　　　　　　　　　　　圖 3-2-11

新北市新莊區化成路 341、343 及 345 號，　　　史格亞公司座落在復興北路
皆為顏朝邦總幹事的三陽金屬公司　　　　　　　的揚昇大樓（李永志攝）

2. 從登記字號見證臺灣言論自由的歷史

　　《臺灣科學》第 1 卷第 1 號封面，並未出現政府主管雜誌發行的號碼，當時註明是「聲請中」。《臺灣科學》第 2 卷第 1 號封面，才出現了「內政部登記證京警臺字第 118 號」的登記，如此「京警臺字」應是中央政府內政部駐臺警政單位登記的號碼，這種兩岸短暫統一的登記經驗，其他臺灣雜誌應該不多。

　　《臺灣科學》第二種登記字號是「內警臺誌第 1264 號」，這是在 1960 年 6 月 1 日的第 14 卷第 2 號封面首次出現，而第三種登記字號是「局版臺誌第 1305 號」，這是在 65 年第 40 卷第 2 號封面首次出現。隨著解嚴與政治的民主化，言論可以自由，所以《臺灣科學》第 41 卷，在 1987 年 12 月出版時，已改由向中央圖書館申請國際標準書碼（ISSN）0015-7791 號。這些過程也見證了臺灣政治民主與言論自由的軌跡。

3. 編輯群的研究

　　《臺灣科學》期刊的出版，從第 1 卷第 1 號起，主要負責人是顏朝邦總幹事，而實際助理編輯的人員是賴子清先生，[註31] 他在發行至第 14 年（卷）時，寫了一些「編輯雜感」，約略敘述編輯委員有：陳發清招募稿件及校對，顏滄波及張麗旭博士也分擔部份編務。

〔註31〕賴氏另亦編輯「臺灣醫學會」的《臺灣醫學》期刊。

　　《臺灣科學》在該會重新登記後，第二屆第三次的理監事聯席會議，也提到編輯事務，先決定陳發清、周春傳、楊祖馨、李鎮源四人爲中心，〔註32〕杜聰明理事長過逝後，其歷任編輯委員請參考拙著《臺灣科學振興會八十年會史——兼論杜聰明歷史地位》。〔註33〕

圖 3-2-12　　　　　　　　　　　　　圖 3-2-13

臺北市林森北路 67 巷 57 號杜聰明博士紀念館（4 樓透天第 1 棟，李永志攝）　　第 16～17 屆忠孝東路四段 54 號 4 樓（開鑣公司）會址（李永志攝）

4.內容類型的研究

（1）前 3 年的內容特色

依第 3 卷第 2 號的「歡迎投稿」啓事內容來看：

> 向來所惠稿件，似多偏於理、農、工方面，而醫學方面，似屬寥寥無幾，夫本省農林醫藥天文方面，富有特色，今後關於此方面，或樹藝、畜牧、水產、礦業，有裨益于生產，或熱帶醫學、天文氣象等、有地理的特殊性之科學妙論或記事，尤爲歡迎。

（2）前 14 年的內容特色

依第 14 卷第 5 號的「投稿簡則」，算是很概要性地介紹了《臺灣科學》的內容演進概資料：

> （1）本刊徵求一切有關自然科學之文稿，包括論著、研究報告、譯述、科學小品、新刊介紹，篇章請斟酌盡善後提出，庶免排版後修改之麻煩。

〔註32〕李永志，《臺灣科學振興會八十年會史——兼論杜聰明歷史地位》，頁 134。
〔註33〕李永志，《臺灣科學振興會八十年會史——兼論杜聰明歷史地位》，頁 33～35。

　　（2）徵諸既往 13 年間實績，理化有關篇章較多，農林次之，地質又
　　　　次之，而有關電氣、土木、數學論著甚少，最近關於電氣、土
　　　　木建築論文殆無，而公共衛生局通俗的著作，亦所必需，希望
　　　　此方面學者專家，多多惠稿，以期各科普遍，實所歡迎。

（3）投稿狀況檢討

　　該會這種綜合性社團的機關報，在戰後經濟發展尚未穩定，學術研究經
費、設備、人員及社團尚未普遍之時，吸引科學研究論文，自有困難，不過
仍能勉力成長，直到第 14 卷達到它的最高峰——發行了 5 號（冊）。然而一
旦科學逐漸發達，組織分工越來越細後，投稿者往往考慮在更專業、更有世
界性權威刊物發表，造成愈來愈困難募集稿件，以致於近年來已無法出版的
狀況。

5. 印刷費用

　　依第 14 卷第 5 號的「編輯雜感」內容來看：

　　　該會全無基金，前此數年間，皆蒙省特種教育基金委員會，獎助一
　　　部份，不足額皆由臺陽礦業公司及顏常務理事努力籌補。自前年來，
　　　此特種教育基金，已不獎助，乃由杜理事長慨捐大部份，本年且得
　　　大同製鋼公司、臺灣水泥公司、臺陽礦業公司為贊助會員，年捐一
　　　千五百元，聞新竹玻璃公司亦經承諾為贊助員，此後若得各界慨捐
　　　維持，本誌定能刷新內容，增加頁數或號數，多年之苦心慘淡經營，
　　　至此已現轉機曙光，尚希各方協力指教。

由此可見《臺灣科學》的出版，其實是在經費拮据情況下，每每經過有心的
會員、幹部所慨捐而玉成，其中以顏朝邦、杜聰明、林挺生最為熱心並發動
關係企業幫忙。

（三）《臺灣科學》作者群及篇名、篇數的研究 [註34]

　　《臺灣科學》期刊的出版情形，截至 2010 年為止，共計 54 卷，132 本
（每卷代表一年，每一卷中依季刊目標時間，各依稿量分數號或期）。本刊全
盛期於 30 週年左右，其中 1960 年（第 14 卷）出版了第 5 號，總共 249 頁，
這是發行至目前 54 年中最多號數與頁數的「豐收年」。

〔註34〕李永志，《臺灣科學振興會八十年會史——兼論杜聰明歷史地位》，頁 147～
　　　　184。網站 http://www.twsci.org.tw。

人民團體是國家的公民依據自由的意識組成，基本上非「法定組織」，所以一般性「社團法人」或未向法院登記的一般「社團」，其活動力往往受到各屆理監事會主要負責人的「聲望」與幹部的「心力」決定業務的「能力」，故業務績效在不同理監事人選時，會有比較大的差異；與「財團法人」往往以基金財產爲前提計畫業務者比較，其前後任董事會的基金穩定，業務也是比較穩定的。

圖 3-2-14

該會現在聯絡會址在淡大化學館
（李永志攝）

三、臺灣科學振興會會員的科學專長

依據 1950 年會員重新登記名冊，該會的會員工作場所，其分佈以學術研究單位爲主，其次爲產業單位，亦包含政府機構，可說是產、官、學共同的組織（表 3-2-4）。若依照專長學科分類，則有若干的特色（表 3-2-5）：

表 3-2-4：會員工作場所分佈單位

場 所	單 位 別	人數	備註		產業單位	臺灣電力公司	17	65
教育學術	臺灣大學	42	55			省菸酒公賣局	21	
	省工學院（現成大）	13				臺陽礦業	10	
						大同公司及學校	6	
研究單位	工業研究所	11	51			資委會臺灣鋁廠	4	
	農業試驗所	25				省鋼鐵機械分公司	4	
	林業試驗所	12				資委會高雄機器廠	3	
	地質調查所	3			其他個人		52	52
政府機關	臺灣省政府	4	4		合 計		227	227

註：本表由筆者整理 1950 年會員名冊而來，資料來自〈會務報告〉，《臺灣科學》卷 4 合併號，1950 年，頁 35～41。

（一）留學日本學歷者多

這是因爲殖民地歷史的關係，1949 年國民政府遷臺之初，大陸學者來臺，生活、生計都未安定，內政部對於人民團體之輔導，也從 1950 年 3 月開

始辦理全國性人民團體總登記，〔註35〕故大陸來臺學者，只會參加全國性之
團體，而不會參與當時語言不通的省級團體，這是很容易想像得到的，尤其
是 228 事件造成省籍隔閡下，至今科學界雖已不顯著於意識形態，但該會班
底還是難得有外省籍背景者。

（二）人數最多者為理工科

這應該是沿襲「臺灣理工學會」的體質而來。相關化學之化工、應化、
農化及機械、電氣、電機之理工人才，故化學研究遂在《臺灣科學》期刊中，
自然成爲最重要的篇幅，如果化學界的全國性「中國化學會」組織外，要尋
找地方團體，那麼該會可爲代表。

農業中除農化外，分工有農經、農藝、園藝、畜產、病理、森林等科目，
比較多樣，可見當時臺灣的農業發展已趨於精緻。醫學、藥學爲殖民地時期
之鼓勵政策，擁有最多的博士學位者，但因有「臺灣醫學會」組織，故該會
醫藥人數比理、工、農爲少，在《臺灣科學》期刊中，編者甚至需要多方拜
託會員踴躍投稿醫藥學作品。

其他相關工科的地質學、採鑛、土木、建築人數較少。而電信、冶金、
物理、紡織者更少，這也反應終戰之後，原來日治時期在臺灣的實施成果，
而國民政府斯時遷移來臺，高等教育尚因經費拮据，未能充分發展的現象，
此後要等到留美學人回臺，才增加了該會人才的多元性。

表 3-2-5：臺灣科學振興會 1950 年會員重新登記後呈現個人科學專長
　　　　　領域表

1. 化學、應化、化工

序	姓　名	學　　歷	服務機關及職別	備　註　欄
1.	林耀堂	臺大、化	理學院化學系教授	臺灣大學
2.	劉盛烈	臺大、化	理學院化學系教授	臺灣大學
3.	陳發清	省工院、化	理學院化學系副教授	臺灣大學
4.	洪以成	北工、化	理學院化學系技士	臺灣大學
5.	張荳旭	臺大、化	理學院化學系助教	臺灣大學
6.	姜宏哲	肄業	理學院化學系學生	臺灣大學

〔註35〕張泰祥，《中華民國五十年來民眾團體》，頁 69～79。

7.	何智琪	肄業	理學院化學系學生	臺灣大學
8.	林秋榮	肄業	理學院化學系學生	臺灣大學
9.	李爵家	肄業	理學院化學系學生	臺灣大學
10.	康潤芳（女）	肄業	理學院化學系學生	臺灣大學
11.	吳木枝	肄業	理學院化學系學生	臺灣大學
12.	賴再得	省工院、應化	化工系、教授	臺灣省工學院
13.	呂銘坤	省工院、化工	化工系、助教	臺灣省工學院
14.	魏欽宣	省工院、化工	化工系、助教	臺灣省工學院
15.	王振華	省工院、化工	化工系、助教	臺灣省工學院
16.	吳鎮三	化工	化工系、助教	臺灣省工學院
17.	陳清課	東工大、應化	技正、醱酵研究室	臺灣省工學院
18.	葉炳賢	東工大、應化	技正、精油研究室	臺灣省工學院
19.	高欽福	省工院、應化	技正、精油研究室	臺灣省工學院
20.	楊藏嶽	省工院、應化	技正、分析研究室	臺灣省工學院
21.	胡珠傳	慶大、應化	技士、醱酵研究室	臺灣省工學院
22.	江北辰	東工大	技士、設計研究室	臺灣省工學院
23.	蔡明達	臺大、化工	技佐、醱酵研究室	臺灣省工學院
24.	陳顯彬	臺大、化工		臺灣省工學院
25.	許證豐	北工、化	化學系	林業試驗所
26.	鄭得仁	北工、應化	技士	省菸酒公賣局
27.	黃秀植	中工、應化	技士	省菸酒公賣局
28.	林挺生	臺大、化	董事長、省工業會理事長	大同公司
29.	朱石火	北大、應化	大同化學工業學校	大同公司
30.	朱明陽	東工大、應化	製藥工業公司顧問	臺灣化學
31.	邱贊生	東京高工、應化	衛生設備試驗所購師	國防醫院
32.	李根旺	北工、應化		三星文具業公司
33.	林茂瀛	花蓮工、應化		大南漁興業公司
34.	饒義奇	立命館大專、化	饒鋒藥化學	研究所
35.	蔡兩傳	花蓮工業、化		海產物商
36.	張天林	東工大、應化	化學工廠	自營

37.	郭源河	東工大、應化	時轉行	自營
38.	李友讚	臺大、工、化工	國產脂肪酸化學工廠	自營

2. 農化

序	姓　　名	學　　歷	服務機關及職別	備　註　欄
1.	何芳陔	臺大、農化	農學院教授	臺灣大學
2.	謝伯東	臺大、農化	農學院農化系教授	臺灣大學
3.	楊祖馨		農學院農化系教授	臺灣大學
4.	顏滄滔	臺大、農化	農學院農化系副教授	臺灣大學
5.	陳玉麟	熊本、藥專	農學院農化系講師	臺灣大學
6.	陳勝和	工業講所、應化	農學院農化系助理	臺灣大學
7.	吳家鐘	北二中	農學院農化系技士	臺灣大學
8.	許江漢	臺大、農化	農學院農化系助教	臺灣大學
9.	廖運鎬	臺大、農化肄業	農學院農化系助教	臺灣大學
10.	徐乃崇	臺大、農化肄業	農學院農化系助教	臺灣大學
11.	鍾明洲	臺大、農化肄業	農學院農化系學生	臺灣大學
12.	陳幼石	臺大、農化肄業	農學院農化系學生	臺灣大學
13.	蘇仲卿	臺大、農化肄業	農學院農化系學生	臺灣大學
14.	吳光丞	臺大、農化肄業	農學院農化系學生	臺灣大學
15.	王　屋	臺大、農化肄業	農學院農化系學生	臺灣大學
16.	游秀逸	臺大、農化	技佐、精油研究室	臺灣省工學院
17.	林國謙	農試場、農	技正，農化系	農業試驗所
18.	林敬德	東農大、農化	技正，農化系	農業試驗所
19.	曾浴沂	東農大	技正，農化系	農業試驗所
20.	王新傳	臺大、農化	農化系	農業試驗所
21.	溫西濱	桃園農校、農	技佐，農化系	農業試驗所
22.	吳新添		技術助理員，農化系	農業試驗所
23.	邱再發	臺大、農化	農化系	農業試驗所
24.	林登鴻	彰化青年師範	技佐，農化系	農業試驗所
25.	林金燦	新莊農校	技佐，農化系	農業試驗所
26.	黃闊嘴	北第一工業養成所	技術助理員，農化系	農業試驗所

27.	吳啓東	桃園農校、農	技佐，農化系	農業試驗所
28.	謝瑞徵	臺大、農化		林業試驗所
29.	詹漢文	九大、農化	埔里廠長	省菸酒公賣局
30.	吳普宣	臺大、農化	第一酒廠	省菸酒公賣局
31.	許炳琳	臺大、農化	茶葉分公司	臺灣農林公司
32.	李詩豪	鹿兒島農專、農化	茶葉分公司大溪茶場長	農林公司

3. 機械

序	姓　　名	學　　　歷	服務機關及職別	備　註　欄
1.	翁通楹	京大、機	工學院機械系副教授	臺灣大學
2.	劉鼎嶽	臺大、機	工學院機械系講師	臺灣大學
3.	朱瑞庚	臺大、機	工學院機械系講師	臺灣大學
4.	莊均地	省工院、機	機械系教授	臺灣省工學院
5.	吳啓岳	早大專、機	機械系助教	臺灣省工學院
6.	吳兆羆	省工院、機	機械系助教	
7.	王超英	東工大、機	所長	臺灣省工學院
8.	劉家榮	東京高等工學院機	技士、無機研究室	臺灣省工學院
9.	胡均發	東工大、選機	第四科長	省菸酒公賣局
10.	林欽明	省工院、機	第四科	省菸酒公賣局
11.	李朝坤	琦玉高工、機	第四科	省菸酒公賣局
12.	林福來	北工、機	第二酒廠製造課長	省菸酒公賣局
13.	林麗南	北工、機	第四科	省菸酒公賣局
14.	張食祿	北工、機	第四科	省菸酒公賣局
15.	張國琳	中工、機	第四科	省菸酒公賣局
16.	屈毓錩	上海機械	第四科	省菸酒公賣局
17.	王焜耀	北工、機	煤礦部第一礦場長	臺陽鑛業
18.	陳　寬	北工、機	技士	臺陽鑛業
19.	邱振生	北工、機	技佐	臺陽鑛業
20.	傅榮春	中工、機	技佐	臺陽鑛業
21.	李延河	北大、機	大同工業職業學校	大同公司
22.	莊明鈇	省工院、機	助理工程師	資委會

23.	林柏錨	東京工業專、機	分公司第七廠	省鋼鉄機械
24.	王振興	省工院、機	分公司高雄機器廠	省鋼鉄機械
25.	楊鑫淼	東工大、機	高雄機器廠副廠長	資委會
26.	陳德信	省工院、機	高雄機器廠高雄機器廠	資委會
27.	李宜正	臺灣商工、機	高雄機器廠鑄鋼工場主任	資委會
28.	黃龍泉	東大、機		
29.	方春樹	武藏高大、機	機械科主任	開南工業學校
30.	邱錦春	都城工業、機	技術員	省樟腦局
31.	許玉堂	省工院、機	董事長	高雄工業公司
32.	江德榮	大阪工、機	花蓮機廠	鐵路管理局
33.	蕭苑室	名古屋高工、機	三上機器廠	自營
34.	吳燉燦	長岡高工、機		開南化學工業
35.	李清標	早大、機	廠長	日大金屬工廠
36.	呂秋鋆	東京工學院、機		日大金屬工廠

4. 電氣、電機、理、工

序	姓　名	學　　歷	服務機關及職別	備　註　欄
1.	楊進順	阪大、電	工學院電氣系教授	臺灣大學
2.	孫炳輝	九大、電	電機系教授	臺灣省工學院
3.	黃乙卯	阪大、電	電機系教授	臺灣省工學院
4.	林兩姓	省工院、電	電機系助教	臺灣省工學院
5.	洪文中	省工院、電	電機系助教	臺灣省工學院
6.	陳尙文	東工大、電化	建設廳廳長	臺灣省政府
7.	朱江淮	京大、電	協理	臺灣電力公司
8.	周春傳	省工學院	機電處副處長	臺灣電力公司
9.	蔡瑞唐	日大、專電	東西聯絡線工程處主任	臺灣電力公司
10.	張汝樑	日大、電	視察	臺灣電力公司
11.	楊喜英	東工大、電	發電課長	臺灣電力公司
12.	陳定國	東工大、電	發電科股長	臺灣電力公司
13.	盧煙地	省工院、電	企劃處股長	臺灣電力公司
14.	傅慶騰	省工院、電	松山修理廠長	臺灣電力公司

15.	施其華	省工院、電	線路課	臺灣電力公司
16.	蕭烔昌	省工院、電	配電課長	臺灣電力公司
17.	趙米瑞	北工、電	線路課	臺灣電力公司
18.	葉開枝	東大、工	發電課	臺灣電力公司
19.	林樵月	北工、電	線路課	臺灣電力公司
20.	楊金欉	省工院、電	東區管理處	臺灣電力公司
21.	周新登	北工、電	線路課	臺灣電力公司
22.	陳瑞窓	高雄工業技能養	沙鹿變電所	臺灣電力公司
23.	王啓仁	省工院、電		臺灣電力公司
24.	彭瑞豹	北工、電	技士	省菸酒公賣局
25.	顏朝邦	東工大、電	董事兼煤礦部長	臺陽鑛業
26.	劉新榆	東大、電	大同工業職業學校	大同公司
27.	方欽章	省工院、電	臺灣鋁廠	資委會
28.	王敦實	省工院、電	助理工程師	資委會
29.	曾東華	省工院、電化	技術室	資委會
30.	朱錫堯	北工、電	分公司電工廠	省鋼鉄機械
31.	周克彬	東工大、電	分公司電工廠	省鋼鉄機械
32.	林石壁	北工、電		省體育會
33.	陳乙	電力養所、電	店東	萬榮電機商行
34.	陳文通	省工院、電化	臺北廠	臺灣紙業公司
35.	林德彰	九大、工		臺中工業學校
35.	王印標	東京物理理化	靜修女子中學校	
36.	林廷燦	臺大、理	城中 X 光線院	

5. 醫學

序	姓　名	學　歷	服務機關及職別	備　註　欄
1.	杜聰明	京大、醫	醫學院院長兼省府委員	臺灣大學
2.	魏火曜	東大、醫	附屬醫院院長	臺灣大學
3.	黃演燎	阪大、醫	副院長 X 光線科主任	臺灣大學
4.	董清課	東北大、醫	診療所主任	臺灣大學
5.	王光柱	長崎、醫大	X 光線科講師	臺灣大學

6.	羅時熙	臺大、醫	大同工業職業學校	大同公司
7.	吳聲泰	名古屋大、醫	自營	生春醫院
8.	張　善	東京齒專	理事長	省牙醫師公會
9.	高天成	東大、醫	第二外科主任	臺大附屬醫院
10.	劉乾元	熊本醫科大		天生化學工廠
11.	陳水印	日本醫科大	院長	陳內科醫院

6. 藥學

序	姓　名	學　歷	服務機關及職別	備　註　欄
1.	許喬木	阪大、附屬藥專	熱帶醫學研究所技士	臺灣大學
2.	許鴻源	東大、藥專		省衛生試驗所
3.	鄭水金	東大、藥專		恆信化學製藥廠
4.	楊藏雄	京大、藥選		熱帶醫學研究所
5.	許志堯	東大、藥選	技正	省衛生試驗所
6.	田伯誠	南京藥專		熱帶醫學研究所
7.	李成興	名古屋藥專	藥劑師	三光西漢藥局
8.	董恆雄	臺北醫專	院長	董內科醫院

7. 建築

序	姓　名	學　歷	服務機關及職別	備　註　欄
1.	溫文華	京大、建	建築系、教授	臺灣省工學院
2.	李碩倉	北工、建	第四科	省菸酒公賣局
3.	顏滙濤	北工、建	第四科	省菸酒公賣局
4.	黃傳貴	開南工、建	第四科	省菸酒公賣局
5.	劉明德	開南工、建	第四科	省菸酒公賣局
6.	柯朝和	中工、建	第四科	省菸酒公賣局
7.	鄭　土	開南工、建	第四科	省菸酒公賣局
8.	曾潤郎	北工	第四科	省菸酒公賣局
9.	吳祈德	東工大、建	華廈建築師	事務所
10.	楊貽炳	武藏高工、建	營造廠	自營
11.	林秋金	北工、建		

8.土木

序	姓　名	學　歷	服務機關及職別	備　註　欄
1.	許整備	立大專、土木	工學院土木系講師	臺灣大學
2.	郭文慶	臺灣商工、土	金礦部技正	臺陽礦業
3.	陳福多	臺灣商工、土	金礦部技士	臺陽礦業
4.	周德仁	北工、土	煤礦部次長	臺陽礦業
5.	吳德聲	開南工、土	經理	萬榮營造廠
6.	詹文龍	土木測量學院		西松國民學校
7.	廖鑽榮	臺灣商工、土		東河營造廠

9.地質學

序	姓　名	學　歷	服務機關及職別	備　註　欄
1.	林朝棨	臺大、地質	理學院地質學系教授	臺灣大學
2.	黃春江	東北大、理	理學院地質學系副教授	臺灣大學
3.	張麗旭	東大、地質	技正、第三研究室主任	地質調查所
4.	顏滄波	臺大、地質	技正	地質調查所
5.	翁秋松	地質調查員養成所		地質調查所
6.	陳阿力	臺大、地質	金礦部技佐	臺陽礦業

10.採鑛、鑛業

序	姓　名	學　歷	服務機關及職別	備　註　欄
1.	黃春木	九大、採鑛	工學院教授	臺灣大學
2.	呂海星	北大、鑛	省政府鑛物科第一股長	臺灣省政府
3.	陳新枝	國校	董事兼金礦部次長	臺陽礦業
4.	楊金章	早大、採鑛	煤礦分公司七星煤礦長	
5.	王長春	長春工大、採鑛		省鑛業研究會
6.	王錦隆	北工、採鑛		

11.農經、農業、農藝、園藝、病理、畜產

序	姓　名	學　歷	服務機關及職別	備　註　欄
1.	李添春	駒大、文	農學院農經系教授	臺灣大學

2.	徐水泉	臺大、農	所長	農業試驗所
3.	徐慶鐘	臺大、農	農林廳廳長	農業試驗所
4.	李登輝	臺大、農經	農林廳技士	臺灣省政府
5.	廖學義	臺大、農	公司董事長	臺灣農產企業
6.	林清秀	宜蘭農校、農	技士，農藝系	農業試驗所
7.	林朝彬	臺大、農藝		農業試驗所
8.	楊永裕	臺大、農藝	農藝系	農業試驗所
9.	郭國柱	宜蘭農校、農	技士，農藝系	農業試驗所
10.	林禮輝	宜蘭農校、農	技佐，農藝系	農業試驗所
11.	翁仁祿	宜蘭農校	技佐，農藝系	農業試驗所
12.	梁廷勳	桃園農校、農	技佐，農藝系	農業試驗所
13.	梁燦輝	嘉義農校	技術助理員，農藝系	農業試驗所
14.	林元朗	千葉高等園藝	菸酒試驗所長	省菸酒公賣局
15.	陳福壽	宜蘭農校、農	技佐，病理系	農業試驗所
16.	杜自疆	桃園農校、農藝	病理系	農業試驗所
17.	陳其昌	臺農專、農	植病學研室副教授	臺灣大學
18.	杜承家	日大、附中	技佐，畜產業	農業試驗所
19.	高世暉	宜蘭農校、畜	技佐，畜產系	農業試驗所
20.	李欽淵	宜蘭農校	技佐，畜產系	農業試驗所

12.森林、林業

序	姓　名	學　　歷	服務機關及職別	備　註　欄
1.	黃溪旺	臺中農院	技正	林業試驗所
2.	王仁禮		技士、恆春分所主任	林業試驗所
3.	洪溪明	北工業演講習應化	技佐	林業試驗所
4.	孫祖林	臺中農院	技士	林業試驗所
5.	謝堂州	桃園農院		林業試驗所
6.	林振益	宜蘭農校、林		林業試驗所
7.	黃崑崗	宜蘭農校、林	技佐	林業試驗所
8.	王金仁	宜蘭農校、林		林業試驗所

9.	許炳成	嘉義農校、森林		林業試驗所
10.	許金土	宜蘭農林		新竹市農會

13. 金屬、冶金

序	姓　　名	學　　歷	服務機關及職別	備　註　欄
1.	賴顏修	東北大、金屬	大同工業職業學校	大同公司
2.	林清輝	秋田鑛專、冶金	學校副教授	臺北工業專科
3.	藍進明	北斗島高工、冶金	技士	省建設廳

14. 電信

序	姓　　名	學　　歷	服務機關及職別	備　註　欄
1.	楊楚淇	東京、高等無線電信	技佐	林業試驗所

15. 紡織

序	姓　　名	學　　歷	服務機關及職別	備　註　欄
1.	陳得聰	北工技養所	臺北廠	臺灣紡織公司

說明：(1) 本表統計時間爲 1950 年 12 月 31 日，資料來自〈會務報告〉，《臺灣科學》卷 4 合併號，1950 年，頁 35～41 名冊，欄位空白者表示原資料缺失。
　　　(2) 學歷欄中略名：臺大＝臺灣大學，東大＝東京帝國大學，京大＝京都帝國大學，東北大＝東北帝國大學，北大＝北海道帝國大學，九大＝九州帝國大學，阪大＝大阪帝國大學，東工大＝東京工業大學，早大＝早稻田大學，慶大＝慶應大學，日大＝日本大學，省工院＝臺灣省工學院（包括舊臺南高工），專＝專門部，北工＝臺北工業學校，中工＝臺中工業學校。

第三節　臺灣科學振興會發展的省思

　　臺灣文壇的耆宿鍾肇政，2001 年在東京的演講會上曾說：「日本人有大和魂，但現在的臺灣卻沒有臺灣精神。」〔註 36〕爲何鐘肇政會感嘆「沒有臺灣精神」呢？我相信這是因爲與美、日強國的炫目文明比較起來，臺灣的精神顯得較爲樸素所致。所以如果要讓臺灣走向世界的舞臺，光憑這些樸素的精神基礎仍有不足。如果再歸納臺灣科學振興會元老會員中的若干言行表現，則可發現他們具有相當特色的科學進化精神，足以提昇臺灣整體「現代性」品格的形象。

〔註36〕黃文雄，《日本留給臺灣的精神文化遺產》（臺北：前衛出版社，2008 年），頁 45。

一、主要元老充實臺灣精神的科學進化內涵

（一）「主要元老」幹部們共同選擇「進化」而非「同化」的智慧

所謂「主要元老」幹部們，主要是指創會的理事長及總幹事，尤其是以杜聰明〔註37〕、顏朝邦〔註38〕、陳發清〔註39〕、胡均發〔註40〕、朱江淮〔註41〕等5位幹部爲代表（表2-3-2），他們接受日本教育，了解日本、臺灣及其他歐美文化的優缺點，於是在科學的探討中，一邊學習別人的長處，改進自己的短處，一邊透過日本立國精神所形成文化的薰染，也學會「以子之矛，攻子之盾」的自覺精神。

日本是個善於師法他國之長，以爲自己種族求生存的國家，例如中國大唐時期的「遣唐使」吸收漢文化。又於十七世紀大航海時代後，日本與中國同時被西方列強侵略欺侮時，他不只學習人家的船堅炮利，而是連西洋骨髓精神的制度，一併引進自己的文化爲養分，依照後藤新平的說法，這不是「同化」，而是「進化」。

那麼臺灣精英在被日本殖民50年中，如果沒有生聚教訓，認識日本人的優點加以吸收，轉化爲自己「隱忍自重」的本錢，那麼臺灣知識人便缺乏爲子孫謀永久幸福基業的智慧，或者徒然以仇恨爲出發，否認日本人的一切成就，那麼也就永遠不能知己知彼，最後可能落得不知長進，而被時代淘汰的命運。

臺灣人的精神是多元發展的，有的人可以被統治政權輕易「同化」，也有人選擇性吸收對方優點，而不放棄自己立場地自我「進化」。該會的老前輩們，則是以理性的態度，選擇「進化」作爲他們安身立命的原則，沒有被日本民族所同化，也沒有被中國大陸官場的惡劣風氣所同化，這是今天發揚臺灣精神時，值得稱道的一個代表。

（二）杜聰明爲代表的「進化」智慧

1.從臺灣意識焠煉爲進化式的臺灣精神

筆者從他所遺留的事跡中，約略可以感受的一種多元文化交流後的科學精神，或者稱爲一種進化式的臺灣精神——不會隨波逐流，而在理性折衝與

〔註37〕李永志，《臺灣科學振興會八十年會史——兼論杜聰明歷史地位》，頁48～76。
〔註38〕李永志，《臺灣科學振興會八十年會史——兼論杜聰明歷史地位》，頁77～78。
〔註39〕李永志，《臺灣科學振興會八十年會史——兼論杜聰明歷史地位》，頁79～80。
〔註40〕李永志，《臺灣科學振興會八十年會史——兼論杜聰明歷史地位》，頁80～82。
〔註41〕李永志，《臺灣科學振興會八十年會史——兼論杜聰明歷史地位》，頁82～84。

辯證之後，尋找自己安身立命的位置，是現在臺灣多元種族環境中，最需要的智慧。

（1）放棄高薪醫師的工作，選擇醫學研究的生涯

1914 年以優異成績畢業於臺灣總督府醫學校，原可任職高薪的紅十字醫院，但他卻鍾情醫學研究，選擇進入總督府研究所充當雇員，潛心研究細菌學。

（2）不作順民被同化，認同自己的民族

1929 年的杜聰明已經總督府陞敘高等官四等的職位，原本他可平步青雲。然而日本政府為他冠上「皇民奉公會」的「生活部長」頭銜，並沒有打動他的民族氣節，他照常掩護總督府嫌惡的「臺灣文化協會」人物——如蔡培火；在「皇民化運動」中，他也沒改為日本姓名或信仰日本神明。

圖 3-3-1

圖 3-3-2

臺灣傳統的神明桌至今仍然留置
在杜聰明紀念館中（李永志攝）

高醫鎮校之寶的「割膚之愛」油畫，
以鼓勵學生培養醫德（李永志攝）

（3）選擇中國文化的菁華，排斥中國官僚「紅包」的陋習

他在第一本《杜聰明言論集》，自評「一介儒生，能如是者，亦可謂幸運也。」可見傳統儒家乃是他的自我定位，或許更可了解他終身喜好書法與詩詞的原因。然而中國傳統官僚頗多的陋習，尤其是公務員「揩油」的文化，則是杜博士所不取的風氣。

2. 兼顧東、西方人文價值的追求

西方哲人講求「眞善美」的追求，而東方哲人鼓勵「智仁勇」三達德，杜博士則兼而有之。前者尤其表現在高醫校長時，對學生「考試不作弊」、「重視美育」及勉勵學生的醫學倫理。而對後者修為在終身「冷水浴」、「棍棒操」

來鍛鍊體魄與意志，是勇德的表現，所以六十歲後，仍能成功建立第一所臺灣的私立醫學院。

（三）精神「進化」與「辯證」的理論

1. 林呈蓉採用「進化」一詞作爲精神變化的推演理論

林氏以爲：日本吸收了歐美的近代文明成爲大和文化的養分，依照後藤新平的說法，這不是「同化」，而是「進化」。

> 換言之，近代日本所建構出「和魂洋才」式的近代文明，在被引進臺灣之後，又與島內既存的原住民文化、開港地的歐美文化、以及漢族的移民文化融合在一起，而「進化」成所謂的「臺灣文化」。就如同大和文化就是「大和魂」或被稱爲「日本精神」。受到「和魂洋才」式近代文明啓迪之後的臺灣文化則結構出「臺灣精神」、「臺灣魂」。〔註42〕

林氏進一步分析「進化」與「同化」的差異在於「主體意識」的存在與否，一個族群被其他文化所「同化」，則「主體意識」便消失無蹤，例如臺灣的平埔族後裔，如果沒有近幾年的本土認同運動去尋根，那麼他們還當自己是漢人，而忘懷自己族群的歷史紀憶。

> 臺灣精神並非是建構在血緣或土地上，而是建構在認同臺灣文化的「臺灣意識」上。因此，唯有象徵臺灣精神的「臺灣意識」能夠存在，不僅敏感的族群問題可以迎刃而解，本土化與國際化的政策路線也不相違，……。〔註43〕

是故「進化」在「主體意識」價值沒有動搖下，去吸收別人文化的優點，以利於自己族群生存的文明建立，這一方面在日本奈良王朝的「遣唐使」及明治維新「脫亞入歐」政策表現上，便具有代表性。

2. 葉海煙採用西洋哲學的角度出發，以「辯證」一詞作爲精神的推演理論

葉氏〈臺灣人的精神剖析〉，從哲學面討論。他認爲臺灣人需要有自己的哲學——信心的哲學、希望的哲學、愛的哲學，來說明所需要的臺灣精神。〔註44〕

〔註42〕林呈蓉，《近代國家的摸索與覺醒——日本與臺灣文明開化的進程》，頁216。
〔註43〕林呈蓉，《近代國家的摸索與覺醒——日本與臺灣文明開化的進程》，頁218。
〔註44〕葉海煙，〈臺灣人的精神剖析〉，收入於《型塑臺灣人的精神》（臺北：前衛出版社，2008年），頁84～87。

又認爲臺灣精神有三個階段——所謂黑格爾（G. W. F Hegel，1770～1831）哲學的「正反合」辯證程序。

（四）表列「主要元老會員」的「臺灣精神」

早期臺灣科學振興會「主要元老會員」，其實除了各自擁有精神特色修養外，他們更有「氣味」相投的部份，所以才會有「日本精神‧臺灣魂」的內涵，也就是說「臺灣精神」與「臺灣意識」的背景，其實是這些精英積極建構「臺魂日才」式的近代文明，他們在風雨飄搖之中，因科學的學術理想追求，而進一步在現實生活中情義相挺。

筆者依據該會及其家人或後人遺留資料文獻，將個人懿德美行約略整理於拙編撰《臺灣科學振興會八十年會史——兼論杜聰明歷史地位》，並扼要節錄爲一表如下。

表 3-3-1：主要元老之精神德目表

姓　名	德			目		
杜聰明	仁　愛	樂學研究	隱忍自主	眞　誠	奮鬥不懈	潔身自愛
顏朝邦	做憨人		勇於承擔	追根究底	公私兼顧	不求名利
陳發清		恆心毅力	恆心毅力	實事求是	默默耕耘	不求名利
胡均發	仁　愛	終身學習		奮發向上	創新的服務	清白服務
朱江淮		引進新知	勇於承擔	超然客觀	創新的服務	捨石奉獻

表 3-3-2：主要元老學經歷表

照　　片	簡　　　歷
圖 3-3-3：杜聰明照片 	杜聰明　臺北縣三芝人 1916 年京都帝大畢業，回臺任總督府醫學專門學校講師；1922 年獲醫學博士，1937 年任命爲臺北帝大教授擔任藥理學講座；1945 年 12 月聘爲國立臺灣大學醫學院院長兼第一附屬醫院主任及熱帶醫學研究所所長。1946 年被推爲臺灣醫學會會長，當選爲國民參政會參政委員，1947 年被任命爲臺灣省政府委員，1954 年被推舉爲私立高雄醫學院董事會常務董事及院長，1968 年日本天皇贈勳二等瑞寶章。 他領導該會於 1930 年創會，並任理事長 56 年，爲該會的代表性人物。

圖 3-3-4：朱江淮照片	朱江淮　臺中縣大甲人
	日本京都帝大，工學部電氣系畢業，臺灣電力公司處長、協理、經濟部代表董事，臺灣省政府委員兼建設廳廳長，臺灣肥料公司董事長、最高顧問。 該會名譽理事長、午餐座談會主持人。 曾任中國電機工程學會第 4 屆理事長。 民國 45 年 11 月蒙經濟部長特敘獎章。 他對該會的成長貢獻殊大。
圖 3-3-5：顏朝邦照片	顏朝邦　臺北市人
	東京工業大學電機系畢業。 臺陽礦業公司常董、三陽金屬總經理。 現任新東機械公司、百利達公司、史格亞公司董事長、中日文經協會理事兼技術委員會主委、該會常務理事兼總幹事 41 年、逝世前兼任副理事長。 光復以來貢獻卓著者出錢出力功勞殊大。
圖 3-3-6：陳發清照片	陳發清　臺北市人
	臺南高工（成大前身）應用化學科畢業（1933～1936）。日本國立東北大學理學博士（1952）。美國奧克拉荷馬州立大學（1955）、奈迪克研究所（1965～1966）、英國倫敦大學藥化研究所（1968）、美國哥倫比亞大學化學科（1978）、加州大學（柏克萊）天然資源學院（1986）等機構研究。美國 Sigma-Xi 會員（1966）、紐約科學院會員（1980）。榮獲教育部理科學術獎（1975）、中國化學會學術獎、臺大名譽教授（1986～）。任該會第二任理事長（第 15 屆理事會）。
圖 3-3-7：胡均發照片	胡均發先生　新竹縣人
	東京工專、工大學部機械專攻科學畢業。 曾任東京原口航空、中島飛機會社技師、課長、代廠長。臺灣省專賣局公賣局任科長、廠長退休。留日理工學會幹事長、留德慕尼黑釀造研究，獲美國 U.S.A.大學名譽 Ph.D.、美國 C.P.U.博士班研究，獲機械工程博士。 歷任該會常務理事，第三任理事長（第 16～17 屆理事會）。

註：除杜聰明資料爲筆者整理，其餘爲該會〈60 週年鑽石會慶受獎人排行榜〉，《臺灣科學》第 43 卷，頁 19～31 資料，照片爲筆者翻攝。

（五）主要元老會員的精神可以提攜充實「臺灣精神」的共同德目

物以類聚，人則氣味相投，志同道合才能結合團體，臺灣省科學振興會代表元老會員的共同精神，實存在於所有認同團體宗旨的會員當中，這些主要元老的精神，包括下列的共同德目：

1. 誠實修為、追求真理的科學研究精神

臺灣省科學振興會元老會員的精神可以充實「臺灣精神」的德目，第一個就在「求眞」與「誠實」的價值，我們不只可以從杜聰明終身緬懷他在滬尾公學校時的小竹德吉校長，以「眞面目」陶冶他，由此肯定日本人「眞面目」教育德目的價值，更重要的是杜氏等元老會員從此一修養教育，發展成爲科學家們「求眞」的使命，這就是目前我們國家社會最爲欠缺的「誠實」教育。曾被美譽爲「國球」的棒球運動中，「職棒」一再爆發涉賭與投假球的事件。〔註 45〕賽鴿的作弊詐賭、詐騙集團等新聞屢見不鮮，社會道德的淪喪令人搖頭嘆息。至於政治人物用政策謊言騙取選票，再以特權謀私利；更有如「腳尾飯事件」捏造事實，欺騙社會。〔註 46〕商人以假貨、黑心貨混淆謀利；公司大股東掏空小股東資產；尤其跨腳政、商兩界的名流經濟犯，「金」「權」掛鉤等，這些更是全面危害國家社會。

如何對治資本主義的副作用——目前國內虛假與謊言的社會，這些現象透露出臺灣傾斜功利主義化的現象，已十分嚴重，各種行業爲了金錢而不擇手段，人性在此唯利是圖的價值中，呈現出空前扭曲與異化的現象，振興元老科學家「求眞」與「誠實」精神，就是目前我們國家最需要的藥石。

2. 樂學研究、奮發向上的自我實踐精神

筆者往往看到兩岸的科學教育宣傳，都不約而同有「超某國趕某國」的鼓勵性口號，然而實務性的科學精神倡導，便可以發現杜聰明一生的「研究」與「樂學」座右銘嘉言，是最早臺灣科學人的典範，尤其是在醫學教育推廣上，在高雄地區平地春雷似地出現一所醫學院，這是實現自我理想的典範。

〔註45〕陳洛薇、江慧眞、陳志祥，〈國是會議訂明年「振興棒運元年」　朱立倫領軍馬：傾舉國之力救職棒〉，《中時電子報》／臺北報導　2009.12.02　01:28（2009.12.17 上網）。

〔註46〕【大紀元綜合報導】腳尾飯事件落幕　北檢分案究責　王育誠坦承自導自演　律師建議受損商家申請國賠《大紀元》臺灣報紙新聞＞地方新聞 2005/06/09，news.epochtimes.com.tw/5/6/9/3959.htm（2010.1.5 上網）。

該會第 2 任理事長胡均發，在臺灣公賣局資歷 30 年，實務工作與研究進修兩方面兼顧，終其一生學習研究不斷，到了老年還獲得美國加州安達省大學贈予榮譽「工程博士學位」及加州理工大學「哲學博士」學位。這便是元老會員們可以提供臺灣精神的德目範例。

該會前名譽理事長朱江淮發揮行政的創新才能——除由美、日引進新的管理觀念與技術，如爲臺電公司業務「電腦化」、「工作簡化」、「PERT」、「目標管理」等政策，這些爲國營事業不斷地奮鬥向前追求理想精神，正是其後臺灣經濟奇蹟的基礎。

3. 經世濟用與廉潔自愛的公僕服務精神

中國文化雖然歷史悠久，然而長期專制體制下，吏治始終難以弊絕風清，是故如何形成良好的「官箴」，則該會元老會員們的精神表現——仁愛、不計名利、做憨人、默默耕耘、清白操守、勇於承擔、創新等，絕對是最好的「公僕」榜樣。有「不計名利」、「勇於承擔」、「做憨人」、「默默耕耘」的精神，就能夠任勞任怨，不至於爭功諉過。有「清白操守」的精神，就能夠奉公守法，依法行政，而不至於走後門製造特權，社會自然就會出現真正「平等」的氣象，有「創新」的精神，就不會因循苟且，創造符合時代潮流的政策。

（六）小結：「君子疾沒世而名不稱」的歷史價值與意義

論語有「君子疾沒世而名不稱」的感嘆，有人翻譯爲「到死而名聲不被人家稱述，君子引以爲恨」。有人翻譯爲「一個以"君子"爲目標的人，最擔心的，就是在死的時候，自己還沒有做到與"君子"這個稱呼相稱」的修爲。而筆者就歷史學立場而言，古人之名「稱」與「不稱」，其意義在於他是否能爲後人留下甚麼「借鏡」的教育內涵，這是筆者爲臺灣科學振興會諸先進立傳與記史的意義。

義大利史家克羅齊（B. Croce）也有一句「一切歷史都是當代史」的名言，有人解釋說「不管多久遠的歷史，都可以拿來和現況對話，產生對現實的教育意義」。這也人解釋說「不管多麼理性，史家的個人好惡、價值觀、想像力，難免揉進歷史中，反映出那個時代的史觀，所以史家書寫歷史，當然不會有絕對的真理」。而筆者書寫臺灣科歷振興會的歷史立場，實在是有感於今日臺灣社會諸多精神發展的「畸形」與「異化」現象，令人擔心，如果前輩的科學進化精神有益於臺灣現實的社會，那麼這份介紹精神史的工作，就很有意

義價值了。

日本人有他們自己探討的日本精神發展史立場，中國大陸也有知己知彼的日本精神研究，〔註47〕而臺灣經過了多元族群與政權的融合之後，該是如何「進化」，以避免缺乏智慧落入「同化」的趨向，本文以為臺灣科學振興會「主要元老會員」已經為「臺灣精神」作了許多具體的詮釋，也充實了臺灣精神的發展史。

歸納早期臺灣科學振興會「主要元老會員」的精神包括(1)「誠實」的個人修為與「求真」的科學研究精神；(2)奮發向上的自我實踐精神；(3)經世濟用的公僕服務精神等，這些實在是現今臺灣個人修為或公務員工作倫理的最好榜樣，它們不只是曾經「實然」的存在，也是今後「應然」的存在精神，若缺乏「誠實」、「求真」、「奮鬥不懈的自我實踐」與「經世濟用的公僕服務」精神的挹注，臺灣如何能開創一個更有品格形象與競爭力的政治、經濟、社會、文化環境，以適應於國際的未來競爭呢？

這些早期核心科學家的幼年漢文薰陶，其中儒家「君子疾沒世而名不稱」的價值砥礪是不難想像的，這不是漢文化要求「君子」的虛名追求，而是警惕「君子」自己在短短人生的立德、立功、立言機會，用以詮釋個人對於生命內涵的肯定。至於後人應該如何利用先人的經驗與借鏡，則是後人的智慧。所以一如楊玉齡著《一代醫人杜聰明》〈序言〉為傳主名聲打抱不平，〔註48〕換得另一位鄭志敏著《杜聰明與臺灣醫療史之研究》〈結論〉傳主名聲之不同爭議，其實徒增紛擾而已。〔註49〕

至於筆者對前輩「君子疾沒世而名不稱」的奮進歷史，比較期待是「歷史借鏡」的立場——也就是說能夠正確描述歷史事實，使之成為後輩效法學習的對象，讓早期臺灣科學振興會精神，得以弘揚為今後臺灣的精神教育，才是國家進步的精神建設與後代子孫之幸福。這應該是楊玉齡《一代醫人杜聰明》，在其〈序言〉中所謂「臺灣人的臉譜要靠臺灣人自己去勾勒；臺灣的文化資產要靠臺灣人自己去珍惜」的另一種含意吧！我認同楊氏的見解，只是想要補充說這裡的「臺灣人」，應該是指沒有本省、外省、原住民等族群分別的常住民。

〔註47〕例如太原科技大學李建權編，《日本精神》（北京：新華出版社，2007年）。

〔註48〕楊玉齡，《一代醫人杜聰明》（臺北：天下文化，2002年）。

〔註49〕鄭志敏，《杜聰明與臺灣醫療史之研究》，頁369。

二、本土第一代科學人組織的困難

本來八十歲的老人可以是兒孫滿堂的，但是該會顯然並沒有如此現象，反而讓人憂心因爲老化的會齡，已讓這個深具臺灣精神的團體，逐漸消退當年創立的雄心壯志。然而，該會的理監事們卻仍是老當益壯的，期待還能爲這塊土地「竭盡所能」。

（一）會務方面

1. 會齡與會員老化問題

會齡的增長與會友平均年齡的老化，已經明顯呈現在活動的參與率上，如果放任而不思積極改善，該會自然在社會與社團競爭資源下，將被時間所淘汰。

2. 專職人員的聘任問題

本來理想的社會團體就應有專任人員，以專其責，但事實上，沒有像財團法人基金會的財務基礎，或是另行建立自己專長的社會企業，一般團體難以聘任專任人員，該會早期創會元老，於 1950 年時，因爲國家戒嚴與社會、經濟的動盪不安，就有存續的議題討論，慶幸當時以革命的情感爲基礎，以奉獻臺灣的理想爲願景，再次確定往前打拚的決議，並以重點幹部來奉獻義工人力——例如前期 41 年之久，由常務理事兼總幹事的顏朝邦先生，便由自己公司身邊的同仁來兼任義工，而後續理事長胡均發、林雲山等，也請自己單位身邊的同仁，來兼任總幹事等義工。但是如此義工服務形式，很難在理事長換手之時，可順利延續會務經驗。尤其行政管理制度很難建立，是故又在杜聰明逝世後，第 16 屆理事會又出現「解散」與「存續」的掙扎討論。

3. 是否辦理「社團法人」的法院登記問題

1982 年以前，「社團法人」資格之取得，除特別法已明定其爲法人外，由主管機關造具簡冊送同級法院即可，故早年社會團體並無是否應冠上「社團法人」之問題（包括該會）。但 1982 年以後則需向法院登記，〔註 50〕始具有「法人」資格，以備在法律上擁有同自然人一般，受法律保障的權力。

4. 失聯的永久會員造成會務推展問題

2010 大會的「基本會員」人數是 74 人，但是普通會員只有 19 人，其餘 55 名是「永久會員」，這些「永久會員」當初自然是因爲愛護該會，一次繳交

〔註50〕鄭文義，《社會及工商團體研究論集》，頁 200。

足新臺幣 3,000 元（1961 年時是新臺幣 500 元），成爲終身會員。然而經過幾十年的歲月，這二年來的 2 次會籍清查，許多永久會員已經完全失聯（可能是移住國外、搬家、或死亡等其他因素，義工們也無能跑遍全國去查訪）。因此，造成佔了名額卻無法出席大會情況，將影響召開大會的合法性，所以也需要正視這個越來越嚴重的情況。

5. 理監事選任的意願徵詢與降低學經歷等現實考慮問題

社團理、監事會議本來是「決策機構」，而非「實務人員」，但是必要時，理事不能不考慮兼任「執行機構」的義務工作人員，所以需要有心人當選，才能「有錢出錢、有力出力」。〔註51〕否則，無意願者被選上，不只無法抽空出席會議，會造成理、監事會議的出席人數，不足法定二分之一以上的困擾，還會形成議決事項無基本人力執行的難題。

（二）業務方面

1.《臺灣科學》應該要轉型再出發

由於該會屬於綜合性科學社團，在專業分化愈來愈細的時代趨勢下，自 1947 年創刊的《臺灣科學》，可說是該會最大的業務項目，但是隨著科學發展的分工越來越細微，各種專業會訊的吸引力，自然取代綜合性的研究發表園地，這不只是會影響投稿者意願，也形成團體間的公信魅力，尤其未能列名世界重要出版界的青睞，成爲 SCI、SSCI、EI 或 JCR 等收錄的刊物，其論文徵稿也越形困難，是故至今 5 年來並未再行出刊。

2. 需要創新業務的問題

扣除《臺灣科學》的主要出版業務，目前該會業務幾乎只剩下一年兩次的聯誼會與演講活動而已（其中一次配合會員大會），實在對於社會與會員的服務價值，並沒有太大意義。是否除了原來以杜聰明博士「樂學至上」、「研究第一」的業務想像外，也能研究其他創新通俗的生活業務，以吸收新的年輕會員。

何謂「創新通俗的生活業務」？例如主婦聯盟環境保護基金會的「消費品質委員會」發展成爲主婦聯盟生活消費合作社，經過 15 的努力，現在社員已達 3 萬多人，年營業額超過新臺幣 6 億多元，一年淨利新臺幣一仟多萬元

〔註51〕各級政府社政單位的「章程草案參考範例」，第二十二條規定工作人員不得由理事、監事擔任。而合作社法規，則比較有彈性，即經主管單位同意後兼任。

（以 96、97 爲例），而身爲母體的基金會依然還是 1000 個會員，其財務來源尚需要仰賴合作社大力支援，這便是所謂的「創新通俗的生活業務」案例。

（三）財務方面——財務自主的來源需要趕緊研究的問題

該會長期以來都是仰賴熱心元老熱心贊助，例如第一屆理事會便因爲整個國家的動盪不安，加以財務困難而無法正常運作，導致後來大解體的事件。當時第一屆的出版經費，幸有臺陽鑛業之贊助，其後煤鑛開採權力期限終止，若沒有林挺生理事承諾協助財務而奔走籌募，或沒有顏朝邦常務理事承諾繼續協助會務推動，事實上當時難以度過解散的難關。

圖 3-3-8

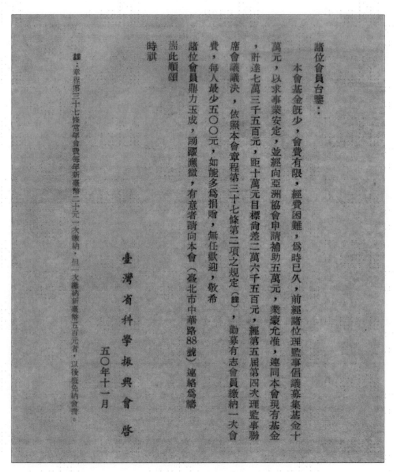

美國亞洲協會（後稱基金會）1961 年贊助該會新臺幣五萬元，
見證當時美援開始關心臺灣科學發展與研究的方向

　　財務的問題是所有人民團體都要隨時面對的枷鎖，該會財務慶幸一開始便有一群具有企業家身份的元老支撐。〔註52〕而後並沒有因此暫歇財務困難的窘迫，例如1961年雖然還獲得美國亞洲協會（或稱基金會）的贊助，但仍然需要繼續募款成立基金。〔註53〕總幹事與其他義工不只不領薪資，甚至也要率先捐款，以拋磚引玉。〔註54〕

　　如今熱心的元老們陸續辭世，又值金融風暴，是故難以再向工商界募款，本屆慶幸還有理事杜祖智及杜聰明博士獎學基金會董事長杜淑純、理監事與會友大力捐助，會務始能順利推展。而後是否能夠長期獲得捐助，是否考慮開闢自主性財源，成為下屆理事會應加以研究的課題。

三、小　結

　　一般社團的經營層面，約略有「會務」、「業務」、「財務」三大區塊，「會務」是指會員的招收組訓、會籍管理及民主運作行政工作等「人」的面向；「業務」是指團體所要經營的事業，包含對會員與社會的服務，主要是章程中的「宗旨」與「任務」兩項內容中「事」的面向；「財務」是指團體會務與業務活動中，所須挹注經費與記錄會計中「物」的面向。

　　一個現代民主政治國家的社團籌組，往往是民眾自動自發，以共同的志趣理念，呼朋引伴而成，所以「人」、「事」、「物」皆能團結一致形成力量，這就是一種社會運動的本質與現象。此種力量有時可以協助政府，補充公權力人力不足，或因法規僵化難以彈性執行的工作——例如許多社會福利事業委由慈善團體經營；有時也可以抗衡政府的施政——例如許多開發計畫的決策，是否完全週延的問題；當然社團之間，也會因為彼此立場不同，而有互相制衡的情況。

〔註52〕第一屆中有蕭苑室、劉明、廖學義、黃添樑、顏朝邦、王英超、施江南、杜聰明、方春樹、林挺生、楊慶豐等先生，及團體贊助會員的臺陽鑛業公司、大同製鋼機械公司、臺灣化學工業製藥公司、煤礦業同業公會、社會處、建設廳等個人或單位，是《臺灣科學》第4卷（臺北：1950年12月），頁34～35所特別刊登感謝者。

〔註53〕美國亞洲協會（或稱基金會）援助臺灣的項目繁多，1954～1969的冷戰時期，有協助推展科學教育一項，當時該會與其他大學一併獲得贊助，可參考官有垣《半世紀耕耘——美國亞洲基金會與臺灣社會發展》，臺北，財團法人臺灣亞洲基金會發行，頁40～43。該會勸募單如附圖，也是歷史文物了。

〔註54〕例如作了41年總幹事的顏朝邦先生及6年的徐燕騰先生。

　　因此，對一個「有機」團結的組合，〔註 55〕其「願景」是否被會員接納
與被社會認同，自然可以從會員的熱烈參與程度與募款的難易多寡情況，研
判團體是否把握了社會的命脈，是故每一個非「機械」團結的組合，都應該
在每年的計畫實施終了後，檢討與修訂團體的「會務」、「業務」、「財務」，甚
至「宗旨」與「任務」的內容，俾便獲得更多的共鳴和支持。

〔註 55〕朱元發，《涂爾幹社會學引論》（臺北：遠流，1993 年），頁 34～38，介紹群
　　　　體意識的種類。

第四章　臺灣最早的本土婦女合作社

　　英國首相葛拉史東曾說「合作社是十九世紀最偉大的發明」，〔註1〕實在是對合作社針砭當時資本主義缺失，給予懇切的評價。環視今日國內經濟環境的自由化，更加急速資本集中與財富分配兩極發展，相對於合作主義市場的萎縮——信用合作社改為銀行、全國消費合作社聯合社改為公司……，貧富差距越來越懸殊，功利風氣與個人主義盛行，治安也每下愈況。那麼合作社強調人本精神與社會公益的多元價值特色，正是值得再次推舉為二十一世紀的救世良藥。

　　想要介紹臺灣最早婦女為主的合作社，一定要先認識甚麼是合作社，它的特質與功能如何？否則難以了解臺灣這個最早婦女為主合作社的稀罕價值與時代意義。

第一節　世界合作社運動的起源與其功能特色

一、世界上成立最早的消費合作社與合作原則

（一）羅虛戴爾公平先驅社

　　西元 1843 年，在英國曼徹斯特北方 12 哩的紡織工業小鎮——羅虛戴爾（Rochdale）發生紡織廠工人罷工事件，工人們開始尋找改善生活的方法，最直接最緊要的是消費，他們覺得應該要有自己的食品商店，因為每天都要進入商店買食品及生活用品，為什麼不進自己的店呢？於是 28 位貧窮的工人，

〔註1〕潘中鼎，《源遠流長談合作劇本》（臺北：內政部社會司，無詳細發行時間，時司長為蔡漢賢），頁 6。

以紡織工人爲主，還有鞋匠、裁縫師、印刷工人等，在 1844 年 10 月 24 日晚上，決定成立羅虛戴爾公平先驅社，每人出 1 英鎊，共集資 28 英鎊；於 1844 年 12 月 21 日夜晚，在癲蛤蟆巷 31 號開始，貨品只有糖、奶油、麵粉、燕麥和蠟燭。〔註2〕

> 合作運動所以首先始於英國，原因很簡單，就是資本主義、近代工業、機器生產是始於英國。這還不夠，另外還有一個原因，就是因爲自 18 世紀最後數十年起，至前世紀中間止的悽慘的時代，自 1760 年至 1850 年左右，我稱這個時期，爲勞工史上黑鐵時代，在這時代裏，英國的工人最是貧苦；便是因爲英國工人特別貧苦，所以英國的合作運動，先於他國。〔註3〕

這是被吳克剛稱讚爲世界最大的合作理論家——法國季特（Charles Gide，1847～1932），他所推論英國合作運動起源比法國更早的原因，那便是英國的資本主義，其禍害世界其他弱國之外，最爲近距離爲害的，則是在英國資本家身邊那些痛苦的工人。也因此，由他們發明了另一種解救資本主義毒害的醫藥——合作經濟。這對於「後現代主義」旨在批判和超越現代的資本主義社會，多少提供了另一方面針砭資本主義社會的歷史事實。

（二）國際合作聯盟的合作原則

羅虛戴爾合作社的先們，其爲人所稱頌的，不是其合作社經營的成功，而是他們所創立的原則，自然，這些原則也是幫助他們經營成功的重要原因。這些原則共有九項——(1)入社公開；(2)民主的管理；(3)依購買額比例分配紅利；(4)股本給予有限度的利息；(5)採用市價；(6)不事予賒欠；(7)貨物純正而不摻雜；(8)提撥一部份盈餘，爲辦理教育之用；(9)對政治和宗教保持中立性。以上原則在 1937 年經國際合作聯盟歸納爲七項——扣除(5)、(7)項，即爲日後國際合作聯盟之合作社七原則。〔註4〕

1966 年國際合作聯盟又作了些修訂，強調「維護合作運動不受政黨及政府的支配，而保持其自主的精神；糾正爲了業務發展而犧牲合作原則的傾向；

〔註2〕 謝麗芬，〈世界上成立最早的消費合作社——羅虛戴爾公平先驅社〉，李永志編，《94 年臺灣主婦聯盟生活消費合作社法規彙編》（臺北：該社，2005 年），封面內頁。更詳細資料請參考——Charles Gide 原著，吳克剛譯，《英國合作運動史》，頁 15～28。

〔註3〕 Charles Gide 原著，吳克剛譯，《英國合作運動史》，頁 3。

〔註4〕 趙荷生，《消費合作之原理與實務》，頁 5～8。

澄清眞正合作社與形式上採用合作方法的企業組織的區別；強調合作運動之民主機能，與教育設施現代化的絕對必要。」於是約化羅虛戴爾的原則爲六項，新增了「各種及各級合作社應相互合作」的第六條，此一時期，強調社間合作的重要性。〔註5〕

　　1995 年國際合作聯盟在英國曼徹斯特召開成立 100 週年紀念大會，又公佈新的合作社經營七大原則：第一原則——志願而開放的社員制；第二原則——民主的社員掌控，第三原則——社員的經濟參與。第四原則——自治與自主。第五原則——教育訓練與宣傳。第六原則——合作社之間的合作。第七原則——關懷社區。這次修改強調了合作社與社區關懷的重要性，進一步闡釋合作社的社會性，與現代所謂「公民社會」的準備工作。其中新增加「自治與自立原則」，乃因社會主義國家大部分已解體，開發中國家亦趨向民主開放，時機成熟之故。「關懷社區原則」亦爲新設，強調合作社必須跟與地區社會之利益結合，不能與地區住民的生活福祉游離。

　　孫炳焱強調說「合作社原則雖有七項，但不能個別看待，七項原則是一個整體的有機結合，彼此之間是環環相扣、不能分割，同等重要。套用一句俗話說，七項原則是成套的，須全部遵行，才能發揮合作社的功能，才能實現合作社的價值。」〔註6〕

二、「合作社」的特色與「公司」的差異比較

　　回答這個問題，只要把我國「公司法」與「合作社法」的開宗明義第一條比較就很清楚了。「公司法」第一條「本法所稱公司，謂以營利爲目的，依照本法組織、登記、成立之社團法人。」而「合作社法」第一條「本法所稱合作社，謂依平等原則，在互助組織之基礎上，以共同經營方法，謀社員經濟之利益與生活之改善，而其社員人數及股金總額，均可變動之團體。」可見「公司」組織開門見山就告訴別人「要賺錢」，而「合作社」則在在顯示非以營利爲目的。所以人類從營私利的「公司」轉化到營互助的「合作社」組織發展，是人類精神與物質文明結合的一大進步。有如昆蟲世界裡，埋頭啃食的幼蟲，蛻化爲展翅而益於傳播花粉的彩蝶生態般，這種改變，無寧是提

〔註 5〕尹樹生，《各國合作制度》（臺北：國立編譯館，1979 年），頁 13。

〔註 6〕孫炳焱，〈論合作社原則的演進及一九九五年新合作社原則之含意〉，收錄於《世界變遷下的合作社基本價值》（臺北：中華民國合作學社，2003 年），頁 332。

昇了經濟活動的人性與社會價值，發起「合作社」運動的這些前輩智慧，值
得後人肅然起敬。

（一）用 1989 年世界排名第六的臺灣首富來說明

以蔡萬霖氏家族經營企業史為例，最容易明白臺灣「公司」與「合作社」
消長的歷史，臺灣合作經濟未能普遍推行，甚至多所誤解，實在涉及學校員
生消費合作社，及相關合作事業體未能落實合作經濟教育有關。這麼小的島
國會造成一個華人首富，與其說是臺灣經濟奇蹟，不如說是臺灣經濟的畸形
發展，來得更符合實際與正義的評斷。

蔡家與合作界的淵源頗深，最為國人熟悉的是——臺北市第十信用合作
社的金融事件，當時蔡辰洲利用信用合作社的資源，在政商二界縱橫發展，
可說是得意一時。而蔡萬霖早年曾經負責經營「城東住宅合作社」，而這也是
蔡氏涉足不動產業的起源。所謂「信用合作社」、「住宅合作社」都是經濟弱
勢者為了自力救濟，依照團結力量大的合作原理所形成的經濟組織，也就是
說：國內尚有其他生產、運銷、供給、利用、勞動、運輸、消費、保險、社
區……等等名目的合作社，它們都是依循「合作社法」及世界合作運動所訂
原則，讓社員可以共有、共治、共享的法人團體。

臺灣這些不以營利為目的之組織，是從日治時代開始，由歐美合作經濟
先進國家所引進。最早〈臺灣產業組合規則〉自 1913 年由總督府公佈，配合
日本政府 1900 年〈產業組合（合作社）法〉頒布，對殖民地基層民眾的經濟
生活改善，及政局的穩定都有貢獻。〔註7〕蔡家財富能夠與日俱增，而且與中
下階層的落差愈來愈大，正足以證明他們顯然已經遠離了「強調服務而不以
營利為目的」的合作事業精神，但是事實上，他們仍然使用了「合作社」的
手法——集合人壽保戶眾人的資金，以作為他們各種包含房地產的轉投資，
而盈餘卻不必依合作社法攤還給社員，這種利用眾人力量來圖利自己的事
業，若再與美國「相互保險公司」那種投保人均自然擁有股東身分，可取得
公司管理權的保險合作精神對照，它稱得上是一種標準的投機商業行為，如
果以合作運動者在道德上——自助助人的立場而言，稱他們為商業投機應不
為過。

〔註 7〕 賴建誠，〈日據時期臺灣的合作經濟制度：1914～45〉，《清華學報》第 18 卷
第 2 期（新竹：清華大學，1988 年），頁 345～364。

（二）用其他國外人道的合作社案例來說明〔註8〕

1971 年世界各國除了少數例外，幾乎全部都已有了合作組織，總數超過 55 萬個，參加社員多達 2 億 5 千萬人以上。至 1987 年全世界參加合作社的人，有 5 億 7 千萬人，〔註9〕2009 年則全世界將近有 8 億合作社社員。〔註10〕試舉尹樹生編著《各國合作制度》為例說明：

1. 瑞典的合作社事業〔註11〕

住宅合作社與另外的消費及農業合作鼎足而立，是許多國家的先鋒，一九二三年「住戶儲蓄建築合作社」成立，將儲蓄、建築、管理三個要素融合在一起的合作社。它自政府租用土地，而後籌措資金建築住宅供社員使用，社員因其大小種類之不同，須交付造價百分之五或十的預付款，此項付款或就儲蓄存款中提取，或由他所工作的機構墊付，分期扣還。社員獲得住宅後，享有無限期的使用權，並按月攤還住宅的建築費用，以及繳存修繕費用的基金，後者直到大約相當造價的百分之五為止。社員如想退社，須在六個月前通知合作社，並可將他的住宅轉讓給任何要加入合作社為社員的人。其售價不得超過其最初已付款分期攤交費用的總和。該國因為合作社協助解決房荒之外，還間接壓低了全國的房租，使未曾參加合作社的人們也能蒙受利益。戰後瑞典新建的住宅中，將近百分之三十是由合作社建造，特別值得一提的是其房屋內部佈置及外部環境都力求現代化與合理化，且有各種公用設備，不但使社員有了更好的享受，也率先倡導了風氣，而提高全國居住品質。

瑞典的消費合作社，不僅以謀取社員的利益與提供服務為滿足，而是進

〔註8〕 節錄李永志，〈富豪蔡萬霖與學校合作社——談合作經濟教育〉，《教師人權》第 77 期（臺北：教師人權促進會，1996 年），頁 23～27。

〔註9〕 孫炳焱，〈資本主義下的消費者保護組織——消費合作社的功能、經營及其展望〉，脫稿於 1991 年 3 月 8 日，收錄於《八十年度合作教育觀摩會手冊》（南投：國立埔里高中，1991 年），頁 77。

〔註10〕 黃澤青，〈慶祝第 87 屆國際合作節大會　大會主席黃理事長澤青致詞〉，收錄於《合作報導》第 65、66 期（臺北：中華民國合作事業協會，2009 年），頁 2。另于躍門，〈在合作事業的潮流裡〉（臺北：中國時報，2007/11/29），A15「時論廣場」稱「有一半以上的全球人口與合作事業維繫著生活上的關係，同時也創造了一億的工作機會……，如今，合作組織已被公認為最適合社區發展的地方基層組織。」

〔註11〕 尹樹生，《各國合作制度》，頁 152～184。

一步要對整個社會產生影響力。它們不採市價政策，而是合理價格政策。也就是說：如果市價是合理的，它們就追隨市價。但如果市價太高，是商人壟斷的價格，合作社便採低價政策，以打破商人的壟斷，維護消費者的利益。又如果商人為了惡性競爭，故意壓低價格，低到成本以下，合作社便不理會。因為商人傾銷難以持久，合作社取得社員的諒解，度過短期的難關，最後終歸勝利。它們的作法可以迫使私人商店價格合理，使市場中壟斷與操縱的價格無法建立。如此，不僅社員獲益，全國消費者都能直接間接地受到好處！

2. 日本消費合作社

日本消費合作社連合會（日文簡稱「日生協」）在 1951 年成立，全國社員約為全日本家庭數五分之一。擁有 2 千 4 個店舖，不僅開發消費產品，也成立醫療、保險、住宅等類合作社。〔註12〕它們的經營理念自 19 世紀引入時，是為了中低收入者生活之改善，戰後則為緩和食品之不足，並抑制物價之上漲。到了經濟飛躍進步後，著重商品的安全，並以改善生活環境惡化、人際關係疏離、老人乏人照顧及減少地球資源浪費為使命。其具體的措施有：(1)擴充門市賣場、減少社員購物時間，(2)推動共同購買，送貨到家；(3)自製商品，維護社員安全與健康；(4)加強社間合作，發展產地直接交易；(5)配合環保活動，積極開發無污染商品；(6)照顧老人生活，彌補政府福利措施之不足。

3. 美國的保險合作

保險制度相當發達，參加人數的總人口比率是世界之首，他們認為保險本來就是具有合作的性質，所以利用合作的原理去舉辦保險業務，雖然他們稱為「相互保險公司（Mutual Insurance Company），實際上它與一般保險公司不同：如投保人不須繳納股本，自動成為股東，取得公司的管理權，並可選舉理事過問公司業務。年終投保人都有盈餘分配權，通常按其繳納保費多寡比例分紅。如有虧損，原則上亦由投保人按繳納保費多寡比例分攤。〔註13〕

國外保險合作社的制度不只是英、美盛行，其他地區如西德、瑞典、丹

〔註12〕橫田克巳原著，翁秀綾編譯，《我是生活者——創造另一種可能性》（臺北：主婦聯盟環境保護基金會，1993 年），頁 10。

〔註13〕尹樹生，《各國合作制度》（臺北：國立編譯館，1979 年），頁 410～411。

麥、荷蘭、以色列、加拿大、日本等國都存在這種合作組織。國內據報有唯一「臺灣省漁船產物保險合作社」的組織，其保費大約比保險公司少一成，但年度結算後，尚可得到股利及盈餘分配金，頗能嘉惠漁民。

4. 英國的合作運動

英國合作社是居世界之先的國家，他們以消費合作社爲主體，並基於業務聯合需要，成立了「批發合作社」，該批發合作社出資設置銀行及保險合作社。保險合作社仍是獨立經營，凡是批發合作社所屬的合作社及其社員都可以成爲要保人。年終有了盈餘，依照合作組織的原則，按照所繳保險費的比率退還給保險契約者。它所經營的業務——包括人壽保險（分普通、團體、簡易）、意外保險、火災保險、汽車保險、水陸運輸保險等項，其中以人壽保險最發達。〔註14〕

5. 法國的住宅合作社

自 1948 年政府頒佈住宅合作社法後，獲得迅速發展，這類合作社，有的是建築房屋出售給社員，有的是只租給社員。前者的社員只須先繳建築費的百分之十五至二十，其餘可得到政府的貸款，還款期間，普遍在四十五年以上，利率爲百分之二。有些合作社不但能夠使社員得到廉價的住宅，還特別注意到公共設施或活動需要的會議室、購買中心、遊樂場等設置，這些合作社所得利潤，用於房屋的修繕，或按交易額分紅，或用作社區的福利，有時也用它借給貧苦的社員。〔註15〕

（三）列表合作社與公司的異同比較

1. 相同處

兩者皆爲常見的企業組織，自然有相同的地方如：(1)均爲法人；(2)均爲經營經濟事業；(3)均須計算損益；(4)均建立在私有財產制度的基礎之上；(5)均承認契約自由的效力。〔註16〕

〔註14〕尹樹生，《各國合作制度》（臺北：國立編譯館，1979 年），頁 31～47。

〔註15〕尹樹生，《各國合作制度》（臺北：國立編譯館，1979 年），頁 99。

〔註16〕陳冠州、陳佳容，《合作社的組織》（臺中：臺灣合作事業發展基金會，2005 年），頁 9。

2. 相異處 〔註17〕

項 目	合 作 社	公 司
設置與營運之準據	合作社法	公司法
所有者的地位、權利、義務、責任以各別法令爲依據	所有者稱社員	所有者稱股東
每位所有權人需要出資多少？股票面額有無變化？所有權人與股金總額變動情況	社員認股，每人至少一股，至多不得超過股金總額百分之二十。股票不能溢價發行。社員與股金總額隨時可以變動	除了每股最低金額有規定外，沒有其他限制。股票的面額與市價時常不同。總資本不變，每股市價隨時會變動
所有權如何轉手	高度限制股本轉手，不能自由轉讓或買賣	根據私人協議，或經公司核准購買與出售
管理表決權	平等，一人一票	不平等，一股一票
領導與掌控人員	由眾望所歸的人	通常由資力大的人
日常經營業務人	由社員選出理事會，理事會聘任經理主管	由股東選出董事會，董事會聘任經理主管
經營事業的交易對象與所有人經濟活動關係	相關，通常限爲合格社員，以滿足社員需求，社員爲所有者、經營者與利用者，三者合一	與股東需求不必相關，沒限制交易人。其所有者、經營與利用者，三者分離
推動企業活動的精神動機與原理	人格結合體，互助原理，互助合作精神爲主	資本結合體，競爭原理，以獲利動機爲主
主要目的、經營目標	以服務社員與社會爲目的，其措施如註(1)	以營利爲目的，其措施如註(2)
產生淨所得之分配	依社員交易額分配給交易社員	當成資本報酬分配給股東
服務、教育與福利措施	促進社員對合作意識之提昇	對顧客之服務，乃爲促銷手段

註：(1) 股息有限制，又無紅利；按利用額比例，攤還結餘；要設置公益金，辦理公益活動；要有至少一部分不屬於個別社員的共同資本。
(2) 股息與紅利可不區分，而且兩者均越多越好；按投資比例分配盈餘；不必設置公益金。

三、合作社的社會價值

國內保險業界，利用保戶集資轉投入房地產是其生財保值的一項鐵則，其房地產不管或租或賣，在轉手間佔盡了保戶的便宜。而對保戶而言，除了

〔註17〕 依據陳冠州、陳佳容，《合作社的組織》（臺中：臺灣合作事業發展基金會，2005 年），頁 10 及財團法人臺灣合作事業發展基金會，《合作社理監事手冊》（臺中：該會，2002 年），頁 26～27。筆者另行列表。

出險之外，其他盈餘是無法分享的。又房地產因大筆炒作而飆漲的負擔，則由另一批購屋者分配，可謂「一家保險，萬家危險」。至於國內房地產業者對消費者的各種唯利是圖的手段，也所在多有！比較保險合作與保險公司，住宅合作與房屋公司，一個是把保險與住宅需要當作人類互助的經濟活動，而另一個則提供層層剝削的經濟掠奪管道，這種不義的經濟遊戲規則，該由誰來救贖呢？

（一）「經濟」與「社會」兼顧的合作學理與實證

法國經濟學家米歇爾·阿爾貝所稱「萊茵模式」的經濟，雖然大陸學者莊武英在翻譯上的用詞，不曾使用國內熟悉的「合作經濟模式」一詞，但卻從書中強調「萊茵模式的社會優勢」，以及舉例阿爾卑斯山地區，在 16 世紀發展出保險互助社「有難同當」做法，〔註 18〕即可了解其社會公平與經濟競爭兼顧的功能，便是國際合作社事業——只是合作經濟學者，既不把如此互助合作類型企業，歸為資本主義陣營，也不歸於社會主義陣營，而是自稱為「合作主義」。〔註 19〕

臺北大學教授孫炳焱翻譯日本合作運動元老——大嶋茂男《以消費合作社為中心的生活改革》著作，便是一個極具現代性社會反省功能的實例。例如文中強調「控制欲望的時代」——強調今後能源將會不足，食物也會不足，人類將進入「生存上絕對必要」的物質不足時代，應該學習「控制」和「節制」；「對價格的正確看法」——強調商品價格必須包含資源再生所需成本和處理廢棄物所需費用。都是充滿對資本主義以「利潤」為導向的深切反省面向。〔註 20〕

合作制度的經濟與社會雙重功能，孫氏也曾介紹合作制度與社會福利關係。〔註 21〕例如合作組織是增進社區居民福利的方法、消費合作有抗衡寡占經濟體制的功能、農業合作解決農業與農村問題的功能等；又如〈日本合作

〔註 18〕法國米歇爾·阿爾貝（Michel Albert）著，莊武英譯，《兩種資本主義之戰》，頁 36。

〔註 19〕季特（Charles Gide）著，吳克剛譯，《英國合作社運動史》，頁 36。

〔註 20〕大嶋茂男著，孫炳焱翻譯，〈以消費合作社為中心的生活改革〉，《合作經濟》第 49 期（臺北：中國合作學社，1994 年），頁 10～22。為《生活的改革者——合作社》第五章。

〔註 21〕孫炳焱，〈合作制度與社會福利〉，《社會安全》第 5 卷第 2 期（臺北：中國社會安全協進會，1984 年），頁 59～63。

組織因應高齡化社會之過程與現況之研究〉，介紹日本合作組織參與經營老人社福產業型態，包括(1)特別重視老人商品（含勞務）的供給，而設立專業賣場者；(2)有專業的醫療合作社，對高齡者的醫療、介護特別用心；(3)農業合作社系統參與高齡者照護工作的立法；(4)由高齡者直接組織所謂「老人合作社」。〔註22〕

郭迪賢在〈論合作社的社會責任〉一文，顯示合作組織運動與事業發展，具有社會責任本質，合作社的社會責任包括企業社會責任及特有的社會責任。為善盡合作組織的社會責任，不可忽視社員、職工與社區民眾之福祉，釐清組織創立之使命宗旨、價值與承諾，創造一個信守承諾，言行一致的組織文化，建立公開透明的責信制度，以啟動合作組織經營管理的良性循環。〔註23〕

（二）縮減國內貧富差距的利器

李錫勛著《合作社法論》對於合作社的「盈餘」性質與分配的意義，頗多著墨，我國合作社法、公司法與銀行法均用「盈餘」，而法國人稱「補義（Boni）」，乃將交易時向社員多收的「不義之財」，每屆年終了時還與社員；英國合作學者稱「交易剩餘款（Trading Surplus）」，日本農業合作法稱「剩餘金」。因合作社為服務社員的非營利事業，其年終按交易額分配的盈餘，實係當年來自社員「多收」的價款，乃屬社員儲蓄性質，李氏以為「剩餘金」等稱呼替代「盈餘」的一詞，更能顯示合作社盈餘分配的真義。〔註24〕

（三）合作社提供「社會企業」的模型

曹永奇〈社會企業的社會經濟運作之探討──以主婦聯盟生活消費合作社為例〉的論文研究，其結論研究發現主婦聯盟生活消費合作社的成立，是為了實踐主婦聯盟環境保護基金會的理想。而透過共同購買業務提供服務和財貨，也確實有助於合作社的永續經營，故合作社相當符合社會企業的型態。〔註25〕

〔註22〕孫炳焱，〈日本合作組織因應高齡化社會之過程與現況之研究〉，《合作經濟》第 90 期（臺北：中國合作學社，2006 年），頁 5～14。

〔註23〕郭迪賢，〈論合作社的社會責任〉，《合作經濟》第 93 期（臺北：中國合作學社，2007 年），頁 23。

〔註24〕李錫勛，《合作社法論》（臺北：三民，1982 年），頁 117～118。

〔註25〕曹永奇，〈社會企業的社會經濟運作之探討──以主婦聯盟生活消費合作社為例〉，臺北：國家圖書館「臺灣博碩士論文知識加值系統」，頁「摘要」。

曹氏的結論，其實與張美姍〈消費合作社平抑物價之研究——以主婦聯盟為例〉的研究一般，並沒有突破性，但也算是針對主婦聯盟合作社進行一項驗證工作，至於歐盟的合作社組織，早被肯定為社會企業的傳統型態。〔註26〕

（四）合作社提供「公民社會」的模型

一如第四章第一節「合作社的特質與功能」中，筆者已先介紹合作社的「政治民主學習」功能，這是因為合作社的民主管理原則，是一種民主社會的公民訓練。而在英國與日本消費合作社發達國家，則更進一步，促使合作社成為落實「公民社會」的根據地。

孫炳焱翻譯《以消費合作社為中心的生活改革》著作中，便有諸多「公民社會」功能的訊息，例如：「建立大眾共識的架構」——具體而言，先要制定資訊公開法律，同時建立（公）民享、（公）民治的情報網路，對應日本大眾媒體獨立自主程度不高的現況，主張關於生存、人權、生活文化的資訊，應該由民眾以自己的力量來建立為原則，因此要組織一個以地方自治團體、合作社及諸民間團體為會員的「全國性資訊聯合會」，以補救大眾媒體的偏頗；「藉民間之手進行公民投票」——日本憲法並沒有規定公民投票的制度，但是只要民主團體，或合作社組織等相互協力，也是可以實現藉民間的力量，進行公民投票；「良心、良知的力量大結合」——確立個人主體性，固然是很重要，以集團的力量，使主體者建立更穩固的基礎，也是很重要的，因此在地域中，建立市民運動的網路是必要的。〔註27〕

對於合作社發展史中，原本 1860 年最早成功的羅虛戴爾公平先鋒社，有所謂「政治中立」的原則，但是，後來英國合作界認為必要為合作社運動推廣，參與政策的制定，而發展成為獨立的「合作黨」；日本消費合作社則推動「由市民創造社會」理念〔註28〕——人們必須先有作為一個市民，〔註29〕並自己去建設自己社區的意願。在小小的地方共同體中，用自己的雙手建立「另

---

http://ndltd.ncl.edu.tw/cgi-bin/gs32/gsweb.cgi/ccd=K7vE_r/search#result，2011/5/24。

〔註26〕陳金貴，〈在非營利組織社會企業化經營探討〉，《新世紀智庫論壇》第 19 期，頁 39～51。

〔註27〕大嶋茂男，孫炳焱翻譯，〈以消費合作社為中心的生活改革〉，《合作經濟》第 49 期，頁 10～22。

〔註28〕橫田克巳原著，翁秀綾譯，《我是生活者——創造另一種可能性》，頁 117。

〔註29〕按「市民」不同於「國民」的主體性內涵，筆者贊成翻譯為「公民」，見作者〈原序：迎接一個生機蓬勃的市民社會〉，頁 3。

一種」政治、經濟、文化體系。透過不斷地以生活目的來制御集體決定，以保障地方獨立性，保證依市民的生活目的來指揮生產。並確立起一種「以小為美（Small is beautiful）」的美學觀和方法。

日本神奈川生活俱樂部合作社「公民社會」的具體得成效，是推舉「政治代理人」進入地方議會方式，並建立地方黨為「生活工具」，使人所具體的政治能力，能在日常生活的原點上得到發揮；創立「地方評議會」提供社區平時討論及提案公共議題……等等，〔註30〕這些合作社推動的政治參與方式，與臺灣政治界諸多地方信用合作社的領袖，其參選動機的「公」、「私」出發點是完全不同的──否則今日國內信用合作社總數量不會如此嚴重萎縮。

第二節　臺灣主婦聯盟生活消費合作社的興起與時代意義

一、財團法人主婦環保聯盟基金會的孕育

「臺灣主婦聯盟生活消費合作社」係由「主婦聯盟環境保護基金會」發展而來，所以要正確介紹這個合作社，就要先介紹這個「母體」的組織。

1987 年初，一群主婦有感於社會型態的急遽變遷，身為社會的一份子，不能再坐視生活週遭的種種環境病態、教育缺失。於是他們以「勇於開口，敏於行動，樂於承擔」自許，決心從自己做起，來改善環境，提昇生活素質，「主婦聯盟」於是誕生。1989 年，主婦聯盟正式立案，成立「財團法人主婦聯盟環境保護基金會」。它的宗旨──結合婦女力量，關懷社會，促進兩性和諧，改善生活環境，提昇生活品質。〔註31〕

其間基金會的活動也包括環境保護、生態學習、教育改革、婦女成長到「綠色消費」等議題。1992 年該會「消費品質委員會」開始規劃結合環境與生產的消費模式，以日本「共同購買」（按，即臺灣的消費合作社）運動號召參與，開創結合都會地區食物消費與本地農村生產的新合作經濟運動。

〔註30〕橫田克巳原著，翁秀綾譯，《我是生活者──創造另一種可能性》，頁 49～50、131～134。

〔註31〕參考財團法人主婦聯盟環境保護基金會網站「主婦聯盟簡介」http://www.huf.org.tw，2011/2/28。

（一）主婦聯盟環境保護基金會的緣起與國際的影響

> 1987 年初，徐慎恕大姊在她家的客廳邀幾個女人談到要為臺灣做一
> 點事，在場的人紛紛同意。慎恕姊提出要給這群女人取一個名字，
> 過程中有人提及日本推動環保多年的團體「主婦連」，所從事的改革
> 議題非常相近，於是「主婦聯盟」這個名號就這樣出現了。……慎
> 恕和王保子一起推動垃圾分類，資源回收。保子女士是日本人，從
> 日本蒐集很多資料。〔註32〕

這是後來也成為基金會董事長的陳曼麗，她所回憶的往事，可見主婦聯盟基
金會的環保議題活動，與日本有密切的淵源。

（二）「消費品質委員會」的綠色消費運動

主婦聯盟基金會有許多工作委員會，其中有一個關心生活消費品質的委
員會開始推動「綠色消費」（green consumerism）的「共同購買」，〔註33〕也就
是合作消費對環境衝擊較少的產品——具有「3R＝可回收、再使用、減量」
及「3E＝經濟效益、生態、社會公義」原則訴求，可以減輕資源不足和垃圾
處理等環境的問題。

該委員會中，筆者以為翁秀綾是最為代表性的人物，她因前往日本留學，
獲得相關化學碩士學位回國，除了在「消費者基金會」當義工外，翻譯《我
是生活者——創造另一種可能性》〔註34〕的日本合作社介紹書籍，是基金會
後來繼續推動消費合作運動的理論與實務根據。

翁氏也是摩頂放踵的實踐主義者，除了四處演講綠色消費理念，還頂著
當時尚屬稀罕的學位，自己開貨車到三芝鄉下收青菜，以為共同購買的蔬菜
貨源，有一次還因拋錨出了車禍，這是筆者後來願意積極協助，用以推動淡
水區「消費合作」運動的感召背景。

〔註32〕陳曼麗，〈向上推政策，向下做行動——與〉，《綠主張》第 82 期（臺北：主
　　　婦聯盟生活消費合作社，2010 年 7 月），頁 16。
〔註33〕王順美、江琇瑩、柯芸婷，〈臺灣綠色消費運動的參與分析——主婦聯盟共同
　　　購買為例〉，頁 16～17。稱集體的綠色消費行動在 1970 年起源於德國，1990
　　　年達到最高潮。
〔註34〕橫田克巳原著，翁秀綾譯，《我是生活者——創造另一種可能性》（臺北：主
　　　婦聯盟環境保護基金會出版，義美食品股份有限公司贊印，1993 年）。

圖 4-2-1	圖 4-2-2	圖 4-2-3

翁秀綾翻譯《我是生活者——創造另一種可能性》封面（李永志翻拍）	韓臺日 3 國姐妹會團體，於 1999 年 12 月 2 日簽訂備忘書，其中日本國以連合會女性委員會為代表，臺灣以主婦聯盟基金會為代表，仔細探究，主婦聯盟合作社到目前為止，並沒有簽約關係，其參與淵源，完全是母體基金會而來（李永志翻拍）	主婦聯盟基金會與合作社於 2004 年 12 月 20 日簽訂合作備忘錄（李永志翻拍）

（三）國際化的三國姊妹會

亞洲除了臺灣向日本學習消費合作社的理念，韓國人也參加日本生活俱樂部生協連合會的「見學」計畫，1999 年 12 月 2 日，透過日本生活俱樂部生協連合會的女性委員會聯繫，與韓國民友會、主婦聯盟基金會，締結三團體姊妹會。如今透過網路與兩岸三地的頻繁往來，香港已有團體來臺交流，甚至大陸網站也開始介紹該合作社。〔註35〕

二、臺灣主婦環保聯盟生活消費合作社的興起

（一）「生活者公司」、「綠主張公司」與「臺北縣理貨勞動合作社」

1993 年主婦聯盟基金會消費品質委員會開始引進日本「共同購買」理念，來進行綠色消費運動，以環境守護、節制消費及支持有機農業為訴求。但是，原本要學習日本使用消費合作社方式進行立案登記作業，卻發生了

〔註35〕大陸「烏有之鄉網站」網站〈臺灣省人民用消費合作社抵制轉基因食品〉http://www.wyzxsx.com/Article/Class4/201102/217014.html 2011/4/30 上網。

困難——因爲我國合作社法規規定：單位社的地方合作社主管機關爲縣市政府，地方型合作社不能跨縣市服務，對於當時淡水河兩岸分屬臺灣省、臺北市不同主管機關的情況，若非已有「聯合社」位階的登記，是無法利用單位社名義，同時營業於臺北縣市。也不能直接向內政部登記爲省級合作社。〔註36〕

　　當時的先驅們爲了法規的限制，只好依據「公司法」登記爲「生活者公司」、「綠主張公司」。而總社業務委託「臺北縣理貨勞動合作社」辦理，並出版《生活者》刊物，宣傳合作社運動與綠色消費理念（勞動合作社則可跨縣市服務），社區服務據點則委託少數社員另行集資成立名爲「取貨站」，以連鎖商店方式經營，一切都依據「公司法」規定辦事而非合作社法。〔註37〕其間的組織變化如下：

1994 年 05 月　成立臺北縣理貨勞動合作社（Workers' Co-op）。

1994 年 12 月　成立生活者公司（1994.12～1995.12）。

1995 年 07 月　會員人數約在 2,000 人左右，訂蔬菜約 100 多份，（臺中約 30 份）；臺中成立綠色生活共同購買中心，商號爲「綠色生活小舖」。

1996 年 02 月　成立綠主張公司（1996.02～2001.10）。

1997 年　　　　年中蔬菜每週訂戶已超過 800 份；空間嚴重不足，搬遷到三重頂崁街。

2001 年 11 月　會員人數約 4,000 人，成立臺灣主婦聯盟生活消費合作社（5 月 26 日選舉會議；6 月 16 日創立大會；11 月 1 日合作社正式成立）。

2002 年 03 月　設立臺中分社；2002 年 09 月設立臺南分社。〔註38〕

〔註36〕不像現在精省後，省市合作社行政，皆歸內政部中部辦公室——原省合作事業管理處主管，便能直接登記單位社。

〔註37〕社區服務據點委託私人集資的「取貨站」經營，一切都依據「公司法」規定辦事。但是當時如此的權變措施，卻造成了今天的困擾——許多人忘記了這個組織的「合作社初衷」，在總社回歸正統合作社體質後，扮演手腳角色的取貨站卻遲疑了，大家在資本主義經濟與合作主義經濟；公益與私利間迷惑了——因爲直營「好所在」結餘歸全體社員，私人出資「取貨站」盈餘歸出資者。

〔註38〕謝麗芬，〈緣起與沿革〉，收錄於李永志，《94 年臺灣主婦聯盟生活消費合作社法規彙編》（臺北：臺灣主婦聯盟生活消費合作社，2005 年），頁 2。

（二）臺灣主婦聯盟生活消費合作社（以下簡稱主婦聯盟合作社）簡介

1. 從主婦聯盟基金會的「消費品質委員會」發起

主婦聯盟基金會在臺北市及臺中市分別設有辦公室，其下設有「消費品質委員會」。並自 1992 年開始規劃結合環境與生產的消費模式，1993 年開始，以「共同購買」運動號召參與，開創結合都會地區食物消費與本地農村生產的新合作經濟運動。1996 至 2001 年間以「綠主張公司＝共同購買中心」形態經營。

2001 年底，以 1,799 名發起社員為基礎，正式成立全國性的「臺灣主婦聯盟生活消費合作社」，這是以環境守護、節制消費及支持有機農業為訴求的新型態合作社。〔註39〕

2. 業務經營

該社以置辦環保、自然、安全等物品供社員之需要為目的，並基於互助合作與終身學習之精神，以改善及提高社員的文化與經濟生活為宗旨。其辦理業務如下（章程第二條）：

(1) 消費——辦理社員生活所需用品、辦理社員休閒生態旅遊。

(2) 公用——開辦育嬰、托兒、托老、養老、喪葬等以服務社員。

(3) 委託代辦——接受政府或公益團體委託代辦業務。

經營特色：參考日本無店舖經營的「生協」模式，以單品集結購買力量的方式，早期以「班」為社區團結購買的方式，爾後發展設立社區小型店舖（名為取貨站），提供社員所需生活品。

產品供銷：以「安全、健康、環保」為原則，強調「本土生產」、「食品安全」及「產地來源明確」為訴求，深入了解產品生產及加工過程；落實 4R（減量、重覆使用、資源回收、拒用）環境四原則，提供社員安全的食品及環保類生活品。

3. 重視社員教育推展

該社社員以在本社組織區域內之個人或法人，認同本社理念以珍愛環境資源、支持本土農業、力行共同購買、實踐綠色生活並加以推廣，及能發揮

〔註39〕李永志主編，《94 年臺灣主婦聯盟生活消費合作社法規彙編》，〈簡介〉（臺北：臺灣主婦聯盟生活消費合作社，2005 年），頁 1。

合作社精神者（章程第六條）。

　　教育推展以「食與環境」爲主題，致力於消費與環境守護的理念傳達與學習活動，透過「產品教育講座」、「生產者之旅」、「社區宣導活動」的舉辦，宣揚合作理念，提供社員持續的消費學習機會。定期刊物包括「綠主張」月刊及總分社的產品動態「週報」。

4. 組織現況

　　成立以來組織發展迅速，2011 年有社員超過 35,564 人，除臺北市總社外，並設有臺中、臺南兩分社，40 個社區型店鋪、306 個「班配」。〔註 40〕

（三）從 2010 年回顧來認識這個合作社〔註 41〕

1. 美牛公投連署第二階段的推動

　　在全國連署 7 萬張中，合作社約 4 萬張，佔了將近 6 成比例，雖然未達目標，亦見消費者的集合力量。

2. 守護灣寶聲援農民行動

　　七一七凱道守夜行動，有 60 人到場聲援並捐款，勇敢把主婦心聲傳達給政府與大眾。

3. 非基改議題推廣討論

　　2008 年與基金會及綠色陣線成立跨組織「非基改小組」，開始進行「反基改運動」的推展工作。

4. 為糧食自給的努力

　　嘗試小麥的加工產品開發，目前相關小麥契作由 13 位農友增加到 41 位，面積增至 24.5 公頃，預估將收成 44.5 公噸。

5. 協力推動白海豚認股

　　協助西海岸相關白海豚保育團體宣傳認股活動，期待以民間信託方式，買下八輕預定海岸，反對石化產業破壞海洋生態。

〔註 40〕參考臺灣主婦聯盟生活消費合作社網站「我們合作社」http://www.hucc-coop.
　　　　tw，2011/2/28 上網。
〔註 41〕陳秀枝，〈從 2010 年回顧來談合作社的影響力〉，《綠主張月刊》第 88 期（臺
　　　　北：臺灣主婦聯盟生活消費合作社），2011 年 1 月，頁 10～11。另參考臺灣
　　　　主婦聯盟生活消費合作社網站「理事主席的話」http://www.hucc-coop.tw，
　　　　2011/2/28 上網。

6. 協力主婦聯盟基金會「每人一百元，守護好家園」募款

基金會以「疼惜土地　守護健康」計畫，關切「葉菜硝酸鹽含量」和「進口水果農藥殘留」問題。

7. 選舉第四屆社員代表

三萬多名社員，投票者達百分之 52，是一項龐大的工程，展現社員民主管理的機制，也是國家民主的公民社會實習。

8.「地區營運委員會籌備會」的持續推動

地區營運帶動在地文化交流與社區經濟網路，透過地區營運委員會的連結，實現未來取貨站「自主營運」、「自主管理」。

9. 啟動中長期計畫，目的在永續經營

進行行政部門的組織架構調整，未來將擴展到各地地區營運委員會，甚至生產者的組織與討論。

10. 合作社十年慶，迎接國際合作社年

聯合國宣佈 2012 年為「國際合作社年」，香港、中國大陸有消費合作組織直言要學習臺灣主婦聯盟的行動。

以上年度工作報告，約略見到消費議題之外，對於生產者的支持及環境與生態的保護，以及部份社區關懷與公民社會的趨勢，另於下一節討論。

圖 4-2-4　　　　　　　　　　　　　　圖 4-2-5

北市東區好所在若是遇到專職人員忙碌時，社員們會自助活動，或打掃或排桌椅，社員與職員沒有對立的僱傭關係，只有彼此釋出親和力的「家庭」感情。	錢金瑞於 94 年第二次社員代表大會前，介紹合作社特質及社員代表的權利與義務

三、臺灣合作社運動中女性主義興起的時代意義

（一）主婦聯盟基金會與合作社的女性主義

　　蔡源煌在〈女性主義批評的商榷〉說，他寧可將女性主義的批評，當作是人文主義的掙扎來讚揚——

> 也許，透過女性主義批評的努力，可以軟化人們在父權體系下，孕育出來的功利思想和行為上，予奪予取的侵略性。這一點如果辦得到，也無疑是大功一件，可是究竟能否達成，誰敢樂觀呢？人文主義不是已經在科技、經濟掛帥的社會價值中失落了嗎？

蔡氏一面讚揚女性主義，一面也質疑女性能否突破男性所不能衝破的困境。那麼在臺灣有一群婦女，則可給予若干不同的印象。

　　「綠主張公司」轉型成為全國性的「臺灣主婦聯盟生活消費合作社」，這是以主婦為主要社員的消費合作社。〔註42〕與當時總統府國策顧問張啟仲擔任理事主席的中華民國消費合作社全國聯合社（全聯社），於 1998 年因官商勾結弊案，而不得不拍賣轉讓，〔註43〕最後全聯社轉型為全聯福利中心（Pxmart）公司，形成臺灣女人改營利性「公司」為非營利性「合作社」，男人改非營利性「合作社」為營利性「公司」的強烈對比事件，正宣示了新時代臺灣女性比男人有更具理想性的一面。當然，這股潮流乃是從日本而來，各種環境保護理念與實務的交流，以及日本主婦針對日本男性偏差作為，引進了女性主義的觀點。〔註44〕

〔註42〕參考唐錦秀、胡會豪，〈社員參與、消費價值與社員滿意度關係之研究——以臺灣主婦聯盟生活消費合作社為例〉（下篇），頁45。女性及已婚遠多於男性及未婚社員，年齡以 41～50 歲比例最高，具大專學歷及家庭月收入為 50,001～70,000 元者居多。

〔註43〕依丁學偉，〈全聯社弊案　張啟仲等七官商被訴〉（臺北：中國時報社，1998/7/17），第 1、8 版報導全聯社每年獲利甚豐，涉嫌勾結內政部官員，獲得千萬元的補助款外，張啟仲和總經理張堅華（任立委），涉嫌通過張啟仲的兒子——張光明等人經營代理公司，協助供應商壟斷全聯社各項採購，並收取 3%～5% 不等的服務費，獲利達 8 億 2200 餘萬元。全聯社及各分社所需的電腦硬件、軟件等相關設備的採購、維修，以形式議價方式，發包給張光明等人組成的公司，並刻意提高利潤。1998 年 7 月，臺北地檢署依圖利、背信、貪瀆等罪將張啟仲父子等人提起公訴，其中張啟仲被求刑 7 年。經過 3 年該案全部相關人員皆被判處無罪，然其有損人性進化而來的合作經濟制度與運動，則無庸置疑。

〔註44〕以《主婦聯盟會訊》第 105、106 期報導〈日本環境運動中婦女扮演的角色〉

（二）「主婦聯盟合作社」的代表性人物

「後現代主義」的基調，就是對西方傳統主流文化的不斷批判和挑戰，這種徹底否定精神，也指向後現代主義本身，表現其自身也徹底跳出自我利益的最高原則。這一切，都可以在後現代藝術的生命力中顯示出來。〔註45〕蕭新煌曾解釋說：

> 前現代、現代、後現代都很難加以定義，只能在分析現象之後，說明其代表的時間及人的行爲到底有甚麼特色。在西方，尤其是美國社會科學中談到「後現代」，有七個定義：(1)現代之後，首見於1939年。(2)二次大戰後這半世紀屬之。(3)資本主義的後期發展階段。(4)藝術領域裡的一個運動。(5)社會理論裡的一種論述方式。(6)不能避免的現象，一切的綜合。(7)永遠無法弄清處的事物。〔註46〕

又說：

> 後現代化的自我（postmoden self）。一句話可以説明：矛盾。……很多部份是拼湊和矛盾的，但也可以説是多層面、多樣化、多元的，而本質上可能是矛盾的。〔註47〕

如此看來，「前現代」、「現代」、「後現代」的分期，或許只能用時間推移，是一種比較性的定義。至於其各時期與各學科領域的仔細定義，恐怕就比較複雜，而那些「永遠無法弄清楚的事物」被歸入「後現代」的特色，似乎也有調侃的意味。但是若論及本文主要論述的兩個團體，應可明確知道臺灣科學振興會是比較清晰顯出「現代」特質的團體，而主婦聯盟合作社則在時間上

一文爲例，該文介紹日本松井耶依女士在「朝日新聞」任職記者達三十年，她見證了日本在經濟起飛過程中公害等社會問題的產生及調適；在擔任「朝日新聞」駐東南亞特派員的數年中，更目睹了日本企業及日本男人在東南亞的一些醜行：公害輸出、掠奪資源、集體觀光買春……等。她悉數加以報導，成了日本男性痛恨又驚駭的對象。這位日本女性，可以用“女性主義者”、“生態主義者”、“人權主義者”來加以形容。

〔註45〕 高宣揚，《論後現代藝術的「不確定性」》（臺北：唐山，1996年），頁 111～112。

〔註46〕 蕭新煌，〈臺灣都市生活的前現代、現代與後現代——一個社會學家的觀察〉，收錄於臺北市立美術館，《後現代美學與生活》（臺北：該館，1996年），頁26～27。

〔註47〕 蕭新煌，〈臺灣都市生活的前現代、現代與後現代——一個社會學家的觀察〉，收錄於臺北市立美術館，《後現代美學與生活》，頁 36～37。

及部份筆者個人「無法弄清楚」、甚至感覺「矛盾」的特色上，我就將她歸屬為「後現代性」的氣質。

1.陳來紅

陳氏自 1987 年主婦聯盟基金會成立擔任秘書長以來，與許多婦運與社運先覺者相同，都實踐了「勇於開口，敏於行動，樂於承擔」的信念。〔註 48〕1992 年後她推動袋鼠媽媽讀書會，由永和一個袋鼠媽媽讀書會發展，成爲各鄉鎮都有媽媽讀書會，甚至後來成立「臺北縣書香文化推廣協會」，並擔任總幹事。在合作社運動上開始嘗試成立永和潭墘社區合作社，後來雖然無以爲繼，卻又相繼形成臺北縣理貨勞動合作社、綠主張共同購買中心，以及主婦聯盟生活消費合作社，並擔任第一屆理事主席。政黨輪替後，受聘爲行政院婦女權益委員會委員，此時更是摩頂放踵，四處推動性別主流化與鼓吹婦女應該參與組織，以公民社會理念，參與政府政策。底下節錄銘傳大學一段「性別主流化與女性主義」座談會上，陳氏發言紀錄，可以更清楚她的「女性主義」與「合作社」理念：

> 我覺得作爲一個婦女，在這個社會中，你要如何自己去價值肯定，因爲先要自己肯定才能夠自在的活在這個社會。說起來，三年級生能夠如此的不多，在我們同一世代中相當稀少。只有當選擇是自主自由的，才能再在某種程度上，勇於嘗試變革，進行社會改造。
>
> 合作社這樣的一個組織，他可以以女性爲主體的，他可以自己去行使主權，可以符合女性悲憫、分享、協助社會弱勢者的特性。……合作社以人爲目的，以生活爲目的，所以合作社組織方式有個很重要的概念是民主跟經濟並重，合作社在組織的時候必須透過選舉，合作社就是一個民主素養的養成所。……透過具體而微的需求去討論，要的在改變世界，利用消費的力量來改變社會，每一種品質的要求我們要知道的是他開發的原則是什麼，所以每一種東西都有它的價值原則在那邊，共同攜手去做，雖然是緩慢的，但是他是有效果的，總比現在這個社會追求效率但每個人都被金錢給量化了，是沒有效果的要來得好。人要能活著幸福無非如此。〔註 49〕

〔註48〕陳曼麗，〈向上推政策，向下做行動——與主婦聯盟環境保護基金會同行〉，《綠主張》第 82 期，頁 16～17。

〔註49〕陳來紅，〈性別主流化與女性主義〉，臺北：銘傳大學通識教育中心「當代思

陳氏對於臺灣婦女與合作社運動的貢獻無庸置疑，必然在這兩方面有她的歷
史地位。

2. 謝麗芬

謝氏為該社第二任理事主席，筆者
回憶在新總經理（洪奇文），第一次就任
提案理事會時，發生以下一幕場面：「如
果有機棉產品開發案過程中，已用5分
之1股金，未來若造成本社現金流量出
問題時，誰要負起責任？」的議題討論
上，〔註50〕結果是沒有人可以說出誰該
負起責任。因為依據內政部解釋──審
議決策的人就是應該要負責的人，而本
案前、後任總經理楊美斯與呂美鸞皆非
決策人，理事會也大多數人不知道有這
種「有機棉產品」開發案，黃淑德理事
雖然從頭到尾都參加了「決策」會議，
但是她默默不作聲（顯然她不知道決策
者就是要負責任的），最後謝氏只好「含
淚」回應說她要負起責任。如此決議責
任完畢，新總經理才敢正式履新上班。

圖 4-2-6

二排左1為錢金瑞、左2陳來紅、
右2謝麗芬、右1楊美斯
攝於桃園新屋（同仁攝）

筆者從「有機棉開發案」看出謝氏
的承擔，了解綠主張公司所留下來「董事兼職員」的操作傳統。更看出了理
事會議決權，所對「產品業務」區塊的隔離與殘缺，又新、舊理事間，嚴重
資訊與權力不平等的問題。謝氏由臺中分社經理轉選理事而成理事主席，所
以在總經理離職以後，便自然成為理事主席兼代理總經理的人選，其辛苦程
度可想而知，最可貴的是她兼任兩個最重職務時，並不領取高薪的總經理津

潮與臺灣發」課程2004年05月21日專題演講（臺北校區B901），www.mcu.
edu.tw/department/genedu/2echelon/.../2-02-3-3.htm，2011/4/26。

〔註50〕「有機棉開發案」涉及「產品月會」在「綠主張公司」傳統授權地位，該案
已在「產品月會」討論許久，並決議執行後，才由監事查核該開發金額太大，
可能影響現金調度問題。如此眾理事才知道有機棉開發這件事情。這就是筆
者以為「產品月會」是「太上理事會」的原因。

貼，而是領取一半不到的主席駐社公費，其奉獻精神如此。

　　回憶這一段時光，立即可以感受到謝氏的熱忱與積極，同時也因承受綠主張公司的傳統包袱——放心不下「產品部」與總經理的專業能力，是故她與另一位曾任產品部經理的黃氏——習慣性地去擔任「產品月會」的決策人員。她把其他理事完全隔開產品業務資訊的後遺症，便是她自己得負起所有責任（除非黃氏願分擔），以至於心力交瘁，又疏忽自己身體的健康，等到發現癌症時候，已經來不及治療，結果在她第 3 任期尚未結束前，就撒手人寰，實在令人不忍。

　　三年同事期間，筆者發現她真的是個大好人，她相信「人性本善」——認為別人也都是好人，所以有求必應，於是筆者不管公開或私下，總是勸告理事同仁——不要老是扮演萬能理事的角色，否則專職同仁永遠無法獨當一面。並轉述錢金瑞的勉勵：「要作一流的領導者——聰明但要懶惰，不要當三、四流領導者——不管聰明與否，就是勤勞於『代下司職』」〔註51〕，事實上，在她理事主席任內三年，卻一直沒有見到她懶惰過。〔註52〕

3. 陳秀枝

　　陳氏為該社第三任理事主席，合作社幹部經歷只有 1 年多社員代表身分，就補選上理事職位，又經過不到 2 年時間，參選連任並獲選為理事主席位置——她的理由是北、中、南三分社要輪流做理事主席，而不管南臺灣社員只佔全社九分之一人數，甚至於她對合作社業務、財務、帳務的認知，還十分陌生的情況下，已展現了她人際關係的天賦——可以一併輔選另 2 位南部候選人順利當選，而讓全社九分之一的南部社員，擁有三分之一的理事席次，由此可見她的服務企圖心，或者也可以說是一種「憨膽」——她在效法羅虛戴爾公平先驅社的失學織工精神。〔註53〕

　　筆者雖然認為陳氏在合作社業務、財務、帳務方面的歷練不足，但是在

〔註51〕錢金瑞為內政部合作行政退休人員。
〔註52〕臺北大學教授孫炳焱也曾報導〈無私的合作運動者〉於《合作經濟》第 99 期（臺北：中國合作學社，2008 年），頁 49～51，用以描寫謝麗芬。
〔註53〕陳氏的熱忱或者從 2007/11/30 她給理事同仁們的 email「躺在床上無法入眠時，想起一些事——第一個成功的合作社，不是企業家歐文，不是學者金威廉博士，是一群失學的織工，不斷的對合作價值反省檢討，而後組織漸大時，得到許多「人才」不計酬勞而甘願「以身相許」合作社，醉心於合作運動，因而成就了合作事業。」信中看出。

社務上面，則有過人之處，例如她以為合作社最珍貴的東西，並不在於貨品的業務，而是在於合作運動與人才養成的社務，「產品是最容易被取代的，合作社最重要的是人的結合」〔註54〕。因此，她很在意合作教育的績效問題。這種對人強於對物的價值看法，則是許多原來「綠主張公司」老幹部所疏忽的，這也正是筆者對她所肯定的理念。可惜，她在任三年，似乎最關心的是該社職員需要快樂的工作心情，所以強調選任人員要凡事信任專職人員——不要那麼多監督。〔註55〕因此，第 2 屆理事會遺留下來關於產品開發決策，必須經過理事會的監督流程，她自然隨順專任職員的想法，繼續讓新理事「授權」產品業務的決策權給「產品月會」。〔註56〕

內政部規定「合作社理事，負有合作社行政及業務之責，其為執行職務，查閱合作社有關簿冊，初無待理事會之決議通過」，〔註57〕她則透過會議規定，沒有理事會通過，理事個人不可查閱合作社資料；同年的第 7 屆監事會主席，也配合限制監事個別行動——監事個人沒有先經過監事會議合議，不可個別隨意查核業務。這些強調要團結、不要找問題的措施，限制理監事的「民主管理」原則，是非常具有「實質正義」與「程序正義」的爭議。

按內政部規定理事個人可以查閱簿冊資料，初步無需理事會合議通過，是因為每個理事都有連帶賠償損害的責任，所以理事為了要保護合作社及自己的財產，免於連帶賠償，自然得以查閱簿冊資料，以解決疑慮之處，或可適時導正職員錯誤，這是符合社會正義的原則。第 3 屆理事會與第 7 屆監事

〔註54〕這是陳氏給理事同仁們的 email 信中，經常關心的議題，例如此句是 2007/06/ 09 以「難過」為題討論「我們合作社至少也走過 5 個年頭，為何社員對合作社是什麼卻如此陌生」的問題；又如 2007/7/13 以「傷腦筋的秀枝」再討論合作教育。

〔註55〕這是陳氏在 2009 年 3 月 1 日社員代表大會，對筆者「理事需要監督產品開發業務」提問的回答。

〔註56〕第 2 屆理事會議議程內，不只產品開發、價格調整、瑕疵產品處理方式等均未列為議題，也沒有在會中報備產品月會決議等相關資訊，多數理事完全無法掌握產品業務（此狀況直到第 2 屆理事會最後 1 次開會，在張月瑩代理總經理情況下提出一次，但第 3 屆新理事會成立後，張氏又不再提案了）。

〔註57〕內政部 55.12.28 台內社字第 223311 號令釋；內政部 69.7.7 台內社字第 33302 號函復臺灣省合作事業管理處；內政部 71.2.18 台內社字第 68401 號函復財政部。收錄於內政部社會司，《合作法令、解釋彙編》（臺北：該司，1997 年），頁 262～263。

會限制理、監事個別查閱合作社有關簿冊的措施，難免讓人懷疑，是否為了向聘任的專職人員「示好」？〔註58〕

第三節　臺灣主婦聯盟生活消費合作社發展的省思

如果臺灣科學振興會是「臺灣現代化」非營利組織的代表之一，經過了60 年出現的主婦聯盟基金會與合作社，理應屬於「臺灣後現代精神」的代表性組織。

一、「主婦聯盟合作社」後現代願景的提出

「主婦聯盟基金會消費品質委員會」籌備的「生活者公司」、「綠主張公司」，對外以「共同購買中心」的名義，常年與非營利組織「主婦聯盟基金會」及「臺北縣理貨勞動合作社」合刊《生活者主張》月刊，訴求「共同購買的原理」，這是對現代化臺灣資本主義主流的針砭，這種精神提出之後，令人耳目一新。底下為該合作社兩個時期的一些願景或使命，將有助於該組織特色精神的歸納。

（一）「綠主張」公司時代「共同購買的使命」

1. 激勵社員的主體性，共同尋求健康、環保的生活必需品。
2. 創造一個女性可以充份發揮的合作事業。
3. 珍愛環境資源，儘量減量包裝，並減少消費生活可能帶來的生態破壞。
4. 支持本土性農業，並關心消費者權益在全球化趨勢下可能受到的影響。
5. 協助弱勢族群，關心婦女、農民、原住民、殘障者等的權益。
6. 凝聚民間的社會力，將關心面由家庭，而社區，再擴及生活的各個層面。

〔註58〕按孫炳焱，〈資本主義下的消費者保護組織——消費合作社的功能、經營及其展望〉文中有「合作社的選舉，平時最具影響力的是聘任人員，因為他們與社員接觸最多，理監事為取得支持，往往須對職員示好，因此不易發揮監督與制衡的功能，有時為求人和，因和而害事，加以散漫經營，非效率，造成浪費，亦無人有切膚之痛……」收錄於《八十年度合作教育觀摩會手冊》（南投：國立埔里高中，1991 年），頁 83。

（二）轉型「合作社」後的網站公告「我們的理念」〔註59〕

1. 珍愛地球資源，減少消費可能帶來的生態破壞。
2. 共同追求安全、健康、環保的生活必需品。
3. 創造一個社員可以充分發揮的合作事業。
4. 支持本土農業。
5. 協助弱勢族群。

二、後現代性的特色歸納

（一）強調消費者的主體性及健康、環保的生活必須品

歐洲因工業革命與資本主義興起的市場經濟，工廠生產是以資本家為主體，根本不顧消費者的主體權益，也非以生活的必需品做計畫性的生產，是故為了推銷產品，不得不興起帝國與殖民主義，四處爭奪市場。

就如逢甲大學教授王永昌〈合作社的價值〉一文中，指出合作社有兩種價值，其一為經濟價值，其二為倫理價值。〔註60〕王氏以為，就經濟價值而言：合作社的績效雖不如營利性廠商，但有益於提昇農民所得方面的優勢。進一步觀察產品的內容，則會發現消費者偏好被商業廣告所扭曲，導致有害身心健康和善良風俗的產品充斥市面；同時某些產品的生產已經偏離了人道需要，從社會立場觀之，不只產品價值頗需商榷，營利性廠商的價值也因而降低，而合作社在這方面的問題，因係生活業務的需求，就減少許多偏差。

丁秋芳的〈健康、環保與消費合作社經營策略之研究——臺灣主婦聯盟生活消費合作社個案分析〉〔註61〕，即肯定該社以消費手段能兼顧健康、環保的功能。

（二）協助弱勢族群與環境議題

該社透過消費力量的結集，除了提供弱勢團體就業機會，例如雞蛋、堅果等分裝，由新北市「集賢庇護工廠」負責，採購「喜願」麵包，而少數精

〔註59〕「社務資訊」，〈我們的原理原則〉，見該社網站「關於我們——我們合作社」，應該為網站人員整理，非章程或產品開發準則 http://www.hucc-coop.tw/about.asp?infor_no=0013，2011/5/1 上網。

〔註60〕王永昌，〈合作社的價值〉，《合作發展》（臺中：臺灣省合作事業管理處，1994年3月），頁12～17。

〔註61〕丁秋芳，〈健康、環保與消費合作社經營策略之研究——臺灣主婦聯盟生活消費合作社個案分析〉，《合作經濟》，頁27～41。

神障礙者，也在合作社內專長義工的輔導下，給予工作性治療；關心婦女二度就業方面，提供社區「好所在」的取貨站就業機會；支持本土性農業，提倡「一籃菜」購買觀念、「契作小麥」等行動，讓本土農民及原住民的農產品，在全球化趨勢下，減少受到衝擊，以創造一個多元就業的平臺。

該社珍愛環境資源，倡導減量包裝，例如蛋卷、餅干、果凍等小包裝外的紙盒包裝，便與雞蛋包裝盒同樣採取重覆利用的方式，並減少消費生活可能帶來的生態與環境破壞，所以不鼓勵高山蔬菜的種植與消費。這是 18 年前主婦聯盟基金會「綠色消費運動」的理念，而今繼續由合作社推動，以消費的力量來改變世界。

（三）挑戰傳統消費者與生產者關係的組織

傳統消費者與生產者的關係是對立的——消費者希望物美而價廉，生產者希望降低成本、提高售價，以獲得更多利潤。而這個組織倡導產、消相互提攜的精神，以農民的生產為例，平時社員以合理價格契作蔬菜，讓菜農得以安心生產有機與安全蔬果，不至於因豐年盛產而菜賤傷農；颱風時，未損傷的菜農以平時價格供應合作社，有損傷的菜農由合作社補助或貸款給受災戶渡過難關，這是傳統買賣關係所沒有的新倫理。

張美姍曾以〈消費合作社平抑物價之研究——以主婦聯盟為例〉，進行合作社平抑物價的功能。張氏以為隨著國際原油、國際原物料價格飆漲，及自然氣候異常都促使國內物價不斷上揚，再加上中間商人的居間操弄，讓臺灣物價指數不斷上升，人民痛苦指數也創新高。張氏研究，旨在尋找國內物價平穩的方法，特別排除國際整體因素，所造成之物價波動，並將研究範圍定義在 96～97 年，影響國內物價波動最大的蔬菜價格上，試著了解影響菜價波動的原因，和找到平穩菜價波動的方法。

本研究發現主婦聯盟所採用的「共同購買」契約生產，產生重大的效果：

1. 農友有穩定的生產量和種類分配，減少囤貨和腐敗的成本，加上合作社的急難救助方案，農友可截長補短，生產成本自然降低！
2. 合作社直接預購，減少中間商的剝削，可以回饋給社員質優又價格公道的菜價！
3. 合作社是非營利事業，管銷成本低於一般企業（包括店面成本、人事成本、運銷費用、包裝費用⋯⋯等），加上盈餘分配給社員，大大減少社員開銷！

張氏的結論，認為一個設計良好的制度，是有機會為雙方帶來雙贏的結果。要有一個比較平穩的物價，消費合作社的方式，是面對未來物價不斷攀升的一個可行之道！這便是挑戰傳統買賣關係與資本主義營利社會，所沒有的新精神。

（四）挑戰資本主義營利企業為社會企業

曹永奇的〈社會企業的社會經濟運作之探討——以主婦聯盟生活消費合作社為例〉碩士論文，以研究主婦聯盟生活消費合作社為研究對象，企圖了解有關歐美社會裡對於社會企業的討論，以及社會企業的實際運作情形。

該研究欲透過歐美社會對於社會企業的討論為基礎，以及個案研究法，了解臺灣符合社會企業型態的組織運作情形。其結論認為：「共同購買」運動多年來累積的社會資本，使得主婦聯盟生活消費合作社在成立之初便得到支持，不僅使得合作社快速成長，合作社也迅速累積其聲譽。

然而面對社員數目的成長，合作社卻發現新加入的社員並不了解合作社，其加入合作社的原因只是為了購買有合作社品質保證的產品，使得合作社在向社員推廣主婦聯盟的相關理念，如資源回收的概念時，容易因為社員參與度不高而受到阻礙。

（五）改善資本主義貧富懸殊現象

依照張美姍〈消費合作社平抑物價之研究——以主婦聯盟為例〉的研究，可知利用消費合作社的方式運作，是有助於解決臺灣目前菜價波動的民生問題，加上盈餘分配給社員，這項「社員交易分配金」的 50% 金額，是依據交易額比例分配——合作社並沒有賺取社員的「利潤」，以分配給股東為紅利，故可以減少社員開銷。〔註62〕

這項研究本來在合作經濟理論上，早已存在，本研究可說是只在進行一項針對主婦聯盟合作社的驗證工作，因為合作經濟前輩教授趙荷生，早在編著《消費合作之原理與實務》一書第二章——〈消費合作之經濟職能〉裡，詳述消費合作社有「實現分配社會化」、「為消費而生產」、「利潤之消滅」、「實現公平價格」、「裨益經濟建設」等優點，〔註63〕仍然是 19 世紀發明的合作經濟精

〔註62〕張美姍，〈消費合作社平抑物價之研究——以主婦聯盟為例〉，臺北：國家圖書館「臺灣博碩士論文知識加值系統」，頁「摘要」。http://ndltd.ncl.edu.tw/cgi-bin/gs32/gsweb.cgi/ccd=K7vE_r/search#result，2011/5/24。

〔註63〕趙荷生，《消費合作之原理與實務》，頁 21～42。

神，當時用以矯正資本主義經濟的理論，延用至今未衰，甚至以今日國際間所謂「公平貿易」的人道精神，也不過是其「實現公平價格」的理念發揚而已。

（六）增進公民社會功能的落實

以臺北市北投區奇岩社區發展協會為例，她經營臺灣主婦聯盟生活消費合作社「取貨站」，除了可說是一種「社會企業」的模式，社區協會承攬了「取貨站」的勞務，不只增加社區主婦們二度就業的機會，透過消費的方式，社區協會可以獲得部份財務的來源，也可以透過消費人際網路，增加協會與居民互動機會，從消費情報與社區情報的交換並建立共識，自然產生公民社會的基礎。又從合作社「學習型組織」的參與過程，形成消費價值的共識，這也是一種微型的國家民主參與模式。

圖 4-3-1　　　　　　　　　　　　　圖 4-3-2

奇岩取貨站在社區不起眼的一角，但它卻能　　　　士東取貨站對資源回收再利用
作為社區總體營造的堡壘（李永志攝）　　　　空間布置是很有心的（李永志攝）

（七）魅力導致成長迅速的狀況

以上後現代性精神的願景，完全是針對資本主義市場的批判，是故形成非常有特色的號召魅力，因此社員人數，每每隨著市面的黑心食品事件而成正比例地遞增。

1994 年：臺北縣理貨勞動合作社 20 人，每人出資 2 萬元，共 40 萬元。

1995 年：綠色生活小舖（臺中）18 人，每人 2～10 萬，共出資 85 萬。

1996 年：綠主張（股）公司（臺北）18 人，每人 6 萬元，共 108 萬元，增資兩次。

1997 年：綠的關懷協會（臺南）50 人，每人 3,000 元。

2001 年：主婦聯盟合作社 1,799 人，總股金 9,788,100 元。

2006 年：主婦聯盟合作社 20,568 人，總股金 61,477,570 元。

2007 年：主婦聯盟合作社 25,583 人，總股金 81,363,460 元。

2008 年：主婦聯盟合作社 28,898 人，總股金 98,831,560 元。

2009 年：主婦聯盟合作社 32,271 人，總股金 114,984,010 元。

2010 年：主婦聯盟合作社 35,318 人，總股金 121,776,380 元。

三、從一個理事立場看「公司」蛻變到「合作社」的轉型困難

筆者身爲一個理事，深知理事所應擔當的責任與它應盡「善良管理」的義務，誠如孫炳焱曾於「臺北十信事件」後，發表〈從合作的本質探討臺北十信事件〉，其中慷慨陳詞「從法理上言，我們如果將合作社視爲一個企業體，按一般市場經濟理論，它的經營盈虧應自行負責，尤其是違規經營的合作社，一旦發生經營危機，理監事應負擔法律上的連帶清償責任，政府不必在此時期出面收拾殘局。」又說「眞正可悲的現象是十信社員，乃至社員代表、理監事，一直沒有發揮自我監督的功能。」〔註64〕令筆者不無悽悽焉的感嘆，因爲一個組織在某些狀況之下，法理上的理監事職責，在現實利益糾葛上，並不一定能夠完全發揮。

底下是筆者自 2005～2007 年參與主婦聯盟合作社理事會，所發現各種該社問題與癥結，並試圖在任期結束時，提出解決問題的辦法，但是事與願違，不能不在此分享報告。因此本節並非「報喜不報憂」的文宣品，只希望提供給該社以後選任與專職人員一劑苦口良藥，並爲學術界留下一些對於該合作社觀察的歷史痕跡。

（一）主體性理論的再斟酌

1. 合作社的正確主體理論

社員是合作社「所有者」、「經營者」、「利用者」三位一體的主體性理論，已經是全世界合作社的共識，那就像我國憲法，有一條「中華民國爲民有、民治、民享之民主共和國」一般，解釋「國家」爲國民「所有」、「所治」、「所享」的定律。

〔註64〕 孫炳焱，〈從合作的本質探討臺北十信事件〉，《信用合作》第 4 期（臺北：中華民國信用合作社聯合社，1985 年 4 月），頁 16～18。原刊載《中央日報》（臺北：該報社，1985 年 2 月 17 日）。

又如孫炳焱翻譯日本合作運動元老大嶋茂男的著作——〈以消費合作社為中心的生活改革〉一文中，強調：

> 就合作社而言，根據其組織原理，出資者、利用者、營運者三位一體，因此，與「掠奪」相抗爭是具有非常重要的意義的。所謂「掠奪」即是奪取之意，合作社若是營運者向社員奪取，就變成「自己奪取自己」。從組織原理上，建立一個「自己不能奪取自己」的組織，是合作社的偉大之處。〔註65〕

可見合作運動偉大的地方，在於建立一個非以「奪取」為目的的組織，而西方這些原來屬於宗教徒的運動者，〔註66〕則利用宗教上的「三位一體＝聖父、聖子、聖神」說法，來建構合作社的理論，有它普世的共識，但是現在的主婦聯盟合作社，所推動的新「三位一體＝社員＋生產者＋職員」理論，似是而非，筆者以為它原來是轉型前「綠主張公司」的行銷口號，與公司「董事會」主體行使主權無關，而今日卻套用於合作社主體性決策權的運作，混淆了「主體性」，而讓原來舊幹部與董事繼續享有「公司」時期的權益，已經有「愚民」教育之嫌疑。

2.「公司」行銷的宣示取代轉型「合作社」的主體理論

筆者發現舊「綠主張公司」的員工，曾經擬訂演講題目為〈共同購買運動的鐵三角「社員」「生產者」「合作社」〉。似是而非的主題，這是「綠主張公司」常年與「主婦聯盟基金會」及「臺北縣理貨勞動合作社」合刊《生活者主張》月刊的宣示性口號。若就社會與經濟、環境角度而言，綠主張公司以主婦聯盟基金會的環境保護運動，以及日本「生活者俱樂部合作社」的合作運動，尋找了許多仰慕的消費者會員（非股東），一起透過一個由「主婦聯盟基金會消費品質委員會」籌備的公司，來協助弱勢生產者（主要為農民），以環保為前提，生產有機農產品，並保障生產者經濟生活的理論。我相信這種公司形態具有非常高的「社會價值」，其營業的目標是值得敬佩的。

然而轉型之後的合作社，若再使用這個「鐵三角」的號召便是錯誤的，因為社員與合作社是一體的兩面，一個從個體而言，一個從總體而言，社員與合作社並非兩個實體。而綠主張公司的「會員」與綠主張「公司」則是兩

〔註65〕孫炳焱，〈以消費合作社為中心的生活改革〉，見《合作經濟》第49期（臺北：中國合作學社，1996年），頁21。

〔註66〕陳靜夫，〈基督教社會主義學派與合作運動〉，《合作發展》（臺中：臺灣省合作事業管理處，1993年1月），頁7～17。

個完全不同的實體，所以不能再比照綠主張公司時期，號稱「社員」、「生產者」、「合作社」爲「鐵三角」的關係，除非「職員」認爲自己代表「合作社」的主體，那麼認知就錯誤了。

有的元老到了第三屆理事會任期，還在宣揚轉型前的「行銷口號」，認爲合作社在成立前，蒙受到許多廠商與職員的「牽成」，所以主張「生活者＝社員」、「生產者＝廠商與農漁民」、「服務者＝職員」爲新「三位一體」，〔註67〕如果這種理論可以成立，那麼第二屆理、監事會內，除了單純的社員代表理事外，竟然還有「兼生產者」的理事與「兼職員」的理事現象，也就不足爲奇了。其結果就好像中華民國在臺灣的立法院，有臺灣人選出的委員、有美國委員（因臺灣曾經有美援幫忙）、有日本委員（因爲曾爲臺灣現代化出力統治過）、有中國大陸委員（因爲國民黨搬運許多黃金國寶來），那麼立法院一定比現在更熱鬧，但便沒有所謂中華民國在臺灣的主體性可言。絕對不會因爲大家都在地球村裡生活，就必定有所謂「生活共同體」、「健康共同體」、「經濟共同體」、「理想社會實踐共同體」等的共識。

錯誤的主體理論，將來必定遭致錯誤的結果。這種錯誤的新「三位一體」理論，如果落實到總經理身上，不知總經理該如何面對廠商理事？或職員理事、職員親屬理事？到底是誰要聽誰的命令呢？又理事會與總經理該如何替代社員管理合作社？其結果當然是爭議不斷的局面。

（二）錯誤的角色扮演與權責架構

1.該社職員把自己當成合作社權力主體之一

如果「職員」把自己的角色反「客」爲「主」──配角當主角，當成「合作社」的主體性另一方面代表，自然成立了另一個「社員」「生產者」「職員」爲合作社「鐵三角」的理論架構。而事實上從2005年一份專職人員全體連署命名〈當北風吹起　員工誰來照顧〉的陳情書，〔註68〕內容提到「合作社成員應該有社員、員工與生產者，……原來應該是社員、員工與生產者的合作關係，但我們看到的是這三角關係已失衡，變成了社員一邊，員工與生產者一邊。」從這裡可看出該社專職人員確實有一個錯誤的「三角關係」概念。

〔註67〕陳來紅，〈從「我們的」合作社──探討三位一體的共同關係〉也是如此主張，見《綠主張》第77期，頁8～9。

〔註68〕〈當北風吹起　員工誰來照顧〉的陳情書，是在2007年大會前呈送給理事會主席、監事會主席及總經理三人的文件。

圖4-3-3：主婦聯盟合作社仍在轉型中的第二屆理事會時期實際組織圖

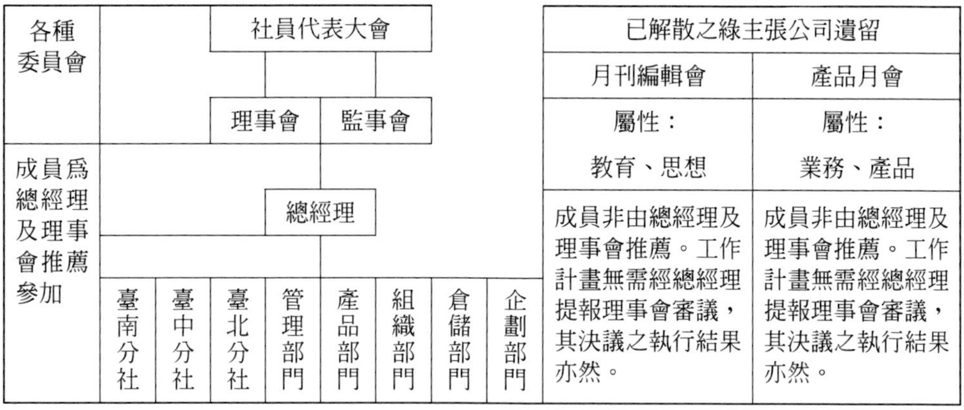

各種委員會	社員代表大會							已解散之綠主張公司遺留	
								月刊編輯會	產品月會
	理事會	監事會						屬性：教育、思想	屬性：業務、產品
成員為總經理及理事會推薦參加		總經理						成員非由總經理及理事會推薦。工作計畫無需經總經理提報理事會審議，其決議之執行結果亦然。	成員非由總經理及理事會推薦。工作計畫無需經總經理提報理事會審議，其決議之執行結果亦然。
	臺南分社	臺中分社	臺北分社	管理部門	產品部門	組織部門	倉儲部門	企劃部門	

2. 錯誤的角色扮演形成錯誤的權責架構

為何職員要認為自己可以代表合作社？因為使用這個「社員」「生產者」「職員」為合作社「鐵三角」的錯誤理論，可以讓某些專職員工得到綠主張公司時代的權力行使延續有所依據。例如原來由職員為主要出席者的「產品月會」，被規劃為合作社產品的「決策機構」；原來「編輯委員會」的「委員」，可以由上一任推薦而無需理事會同意。其他各委員會的「委員」與「顧問」聘任亦然，無需依該社根本大法的「章程」規定，這些原是選任理事會的職權。

綠主張公司原來董事與幹部轉型為合作社後，有許多人事安排無法再如公司時代，於是曾有「理事兼分社經理」、「產品月會有決策權」、「理事未經合議便自我授權擔任某種委員」、「理事分享總經理行政權」等，種種「球員與裁判互兼」情形，甚至嚴重排擠依法選任的新理事，無法參與產品的各種決策，以及非綠主張公司時期進來的總經理，也沒有完整的產品管理權。

專職同仁與選任理監事，應該確認轉型後的合作社，與過去綠主張公司的屬性功能不再相同，社員不再是「顧客」，而是「老闆」，職員不再是綠主張公司的「仲介者」角色，職員如果不忠誠於「社員＝老闆」角色，就沒有辦法把該社經營得「真正像個消費合作社」的樣子。

（三）合作社民主管理課責的「程序正義」與「實質正義」爭議

1. 綠主張公司的情結

筆者發現轉型為合作社的舊綠主張公司成員，在第三屆理事會，也就是

第七年開始，正積極蘊釀一股反轉型合作社本質的氣候——我稱它為「綠主張公司的情結」。就以一位素為筆者敬重的老前輩，在 2007 年「尾牙」活動的舞臺上，直接對所有與會者說「沒有歷經『公司』時代的新會員，就憑繳納了 2 仟元新臺幣的股金，就要來理、監事會監督這些辛苦打拚、胼手胝足、篳路藍縷而來的專職伙伴嗎？」筆者以為這種抨擊論調已經偏離合作社精神、法理，可稱為一種「綠主張公司的情結」代表，也有人稱它為「綠主張公司的革命感情」。

2. 從合作社民主管理的課責——理事、總經理的賠償責任

按內政部法規解釋有關理事在合作社受損害時的條文〔註69〕，例如(1)理事違反《合作社法》第三十四條規定，致合作社受損害時，其各理事賠償標準，由社務會決定。理事雖未違反規定，但如有違反民法第五三五條之情事時，仍應負責。(2)經理及以下之其他職員，為合作社之職員，遇有違反規定或貪污舞弊而致虧損時，除由當事人負責外，理事仍應負連帶責任。(3)理事主席、駐社理事及一般理事所負賠償責任，視其是否經過理事會之決議而定，如未經過會議，由理事主席或駐社理事決定者，理事主席或駐社理事應先賠償不足之數，其餘理事仍負賠償責任。(4)理事主席或經理辦理業務，非經理事會通過，而致合作社受損害時，雖事後將辦理情形向理事會報告有案，如未經理事會決議追認，仍不能視同理事會通過。

從以上的責任追究條文，即可知合作社受損害時，一定會有人要負擔的，這便是「課責」的問題。誠如孫炳焱於「臺北十信事件」後，為文主張「理監事應負擔法律上的連帶清償責任」。但是該主婦聯盟合作社的責任追究問題，將是困難的，底下以「有機棉開發案」及「理事會無法指揮行政團隊檢點廠商契約案」為例，說明理事會與總經理的職權是殘缺的。

3. 有機棉開發案中顯示民主管理的「程序正義」問題

該案是因為曾任總經理職務的楊美斯選上監事以後，查核新產品開發案中，發現有機棉開發案使用了五分之一股金，而沒有去思考合作社日常現金流量是否足夠的問題，提請理事會說明。結果該開發案在理事會裡只有 2 位出席「產品月會」理事知道——主席謝麗芬與黃淑德（非理事會推派）。其他第 2 屆新理事完全不知道有這種「有機棉產品」開發案，等到新總經理要就

〔註69〕內政部臺 42 年 6 月 10 日內社字第 29737 號令解釋。收錄於內政部社會司，《合作法令、解釋彙編》（臺北：該司，1997 年），頁 251～252。

職時，他就擔心負不起責任，因此，先提案理事會討論有人負責後，他才敢履新。

該社會發生多數理事完全無法掌握全社百分之七十以上預算的產品業務現象，完全是第一屆理事會就授「決策權」給「產品月會」的結果，是故舊幹部認爲，「產品月會」即是「決策單位」，它是由理事主席、總經理及產品部職員與顧問（含廠商身分）所組成，它的「位階」已經比總經理還高，所以總經理對於決議事項，只有執行權而沒有否決權，也無需再向理事會報備相關決議與執行成果，更遑論向理事會提案送審的程序，因此，所有產品開發、調高價格、瑕疵品處理等事項，完全阻隔理事取得產品業務資訊的權力，讓理事處在一種無法代替社員監督業務的情況，這種總經理對「產品月會」負責，而非對理事會負責的狀況，已經背離民主管理的程序正義，是「割讓理事會決策權」，而非「授權」的正常作法。

該社「產品月會」組成成員，也有背離合作社「章程」規定的「程序正義」問題，因爲「章程」第 27 條規定「本社於必要時得設各種委員會、小組及顧問，委員會委員、組員、顧問由理事會聘任之」，也就是說「綠主張公司」或「第一屆理事會」的「產品月會」，沒有在第二屆理事會成立後，舉行重新聘任的人事任命案，一如政黨輪替後，國策顧問無不重新聘任一般，那是一件很奇怪的事情。

4. 理事會無法指揮行政團隊檢點廠商契約案的民主管理「實質正義」

這是因爲筆者於 2007 年 6～7 月短暫代理理事主席，期間內便發現兩次產品檢驗不合格狀況，其頻率已令人質疑，又該兩案交易雙方並無「商業契約」（或該業務專職稱「備忘錄」）行爲。因此，提案理、監事聯席的「社務」會議，檢討該社商譽保證與產品風險轉嫁責任之機制，以確保消費社員之身體健康及社產安全。因此，「社務」會議決議暫緩 3 個月新產品開發，以檢點全社廠商契約，不意經過半年，「產品月會」的新產品開發工作並未停止，而檢點全社廠商契約決議，根本沒有執行或回報其執行困難的原因。因此，筆者認爲總經理及部門竟可置理事會決議於不顧，再次提案追究責任，於是產品部門反彈，部份專職以辭職要脅，最後落得總經理下台以示負責。

該事件不只見識產品部專職人員對總經理職權的職場倫理問題，也看出在持續陪伴產品開發的老幹部理事眼中，其不尊重理事會同仁的輕蔑與任性態度，已經明白表示——「產品月會」這個沒有任期限制的非法定組織，已

經比有任期限制的理事會，更具有合作社「超級理事會」的資格。

5.總經理的業務經營權被瓜分

總經理是理事會的最高幕僚，對理事會負起「業務」、「社務」、「帳務」、「財務」四大範疇的全方位專業建議權。而現行新「產品開發辦法」的「會議主席由總經理擔任之」條文表面好像很尊重總經理，可惜總經理不能否決會議結論，因為從綠主張轉型為合作社前，這個「產品月會」就是舊「董事會」的菁英，在業務上用來指揮總經理的機構。轉型合作社後，老幹部認為這個「產品月會」組織層級仍然比總經理高，〔註70〕是故總經理在業務上，仍然要與原來的成員「合議」及執行決議，而不管當時的菁英，在轉型新角色的扮演上，已有轉為合作社的「廠商」、「顧問」、「部門職員」或「理、監事」等角色，形成總經理的業務經營權被「產品月會」綁架；再者總經理要執行「產品月會」決議，他在實質上成了「產品月會」的幕僚。「產品月會」這個無合作社法源依據的機構，竟然成為該社產品業務的「太上理事會」，完全是該社歷史的因素，或許也是人性對「權力」的嗜癮習慣。

6.未來合作社受損將無法課責

合作社自第 2 屆理事會以後，由於「產品部門」的自我膨脹，形成該社與廠商間往來，沒有訂定「合約書」以說明雙方權力、義務關係的習慣，〔註71〕第 3 屆理事會，則一味牽就綠主張公司時代之權力運作模式習慣，讓第 2 屆理事會好不容易協助轉型的努力，付之流水。既然無法讓理事會的理事監督產品業務，屆時若產品業務萬一出現問題，理事自然可以推卸責任；而總經理一樣可以推諉責任，因為「產品月會」才是決策單位，他又何必負起專業責任。就像 1997 年的全聯社舞弊案，一干相關人員全部獲判無罪。〔註72〕是故該社若不幸遇到意外事件，最後倒楣的必是全體社員，因為理、

〔註70〕這是產品部在回覆監事會「有機棉利用 5 分之 1 股金而未評估現金流量開發案」的文字。又據一封「當北風吹起 員工誰來照顧」的職員集體陳情書，主張「合議是合作社的最高指導原則」，這封書信語氣應該出自產品部門的職員。因此，她們事實上是主張部門職員可以「挾天子＝產品月會」以令「諸侯＝總經理」。

〔註71〕筆者曾見第 1 屆理事主席有訂定合約紀錄，故應自第 2 屆理事會始，才如此不訂合約習慣。此種無文書現象，就連幾十年經驗的日本消費合作社也不敢如此管理。

〔註72〕楊天佑，〈全聯社弊案 張啟仲獲判無罪 李玉梅刑期 15 年〉（臺北：中國時報，1999/7/09），第 8 版報導。另依董介白，〈全聯社案二審逆轉 2 人無罪 無

監事可能比照無能的政府一樣，要拿全體納稅人的錢去收拾被掏空的金融機構。屆時變成所有社員的股金，在弊案後要拿去補償相關人員責任追究不著的缺口。

四、從「公司」蛻變到「合作社」的精神與實務探討

筆者由於比該社幹部更早接觸學校員生消費合作社的經驗——從擔任合作社選任理監事，到實務經理工作。因此，對於合作運動的理論與實務，比較在意是否已經融會貫通，是故也發現一些值得記錄的事項。

（一）合作社運動是信仰，不是行銷口號

1. 臺北縣理貨勞動合作社被轉型為非合作社的事業型態

以往曾擔任「生活者主張」刊物編輯，並推廣「合作社教育」的「臺北縣理貨勞動合作社」，好端端在沒有財、業務問題情況下，被「無疾而終」——冒然改成為非合作社登記的工作坊組織，〔註 73〕而負責人還都是同樣一個人。這叫人懷疑她們難道不了解，世界合作社聯盟的七大合作社經營原則，有「社間合作」這一條珍貴的指導？〔註 74〕懷疑她們難道不明白非營利合作社組織與營利事業的不同價值？〔註 75〕

2.「共同購買」運動不願配合轉型正名為「生活消費合作」運動的質疑

「共同購買」一詞從日本生活協同組合用詞移譯而來，是一個本來就具有「生活消費合作」意含的日本用詞，但這個名稱與「網路團購」一詞是否相異，恐怕是國內同胞很難從漢文字面了解其日本原來意旨。只有使用新的「生活消費合作使命（或運動）」名稱，才能讓他恢復本來面目。〔註 76〕然而舊幹部卻不願意放棄舊公司行銷的口號，所以推想未來那些私人出資的「連

法認定翁讚遷及李玉梅行受賄　另 7 人維持無罪原判〉（臺北：聯合晚報，2001/12/31），第 5 版。

〔註 73〕理由只是因為社員戶籍大多在臺北市的問題，本來就可以改為全國性或登記為臺北市的合作社便可解決。但根據該社總經理替代回答是「勞動合作社要在臺北市政府登記不易，困難重重。」筆者事後查證，該市政府合作行政承辦人則回答「依法辦理，無刁難情況」。

〔註 74〕財團法人臺灣合作事業發展基金會〈社間合作〉，《合作社理監事手冊》（臺中：該會，2002 年），頁 17、393～396。

〔註 75〕財團法人臺灣合作事業發展基金會，《合作社理監事手冊》，頁 20～28。

〔註 76〕橫田克巳原著，翁秀綾編譯，《我是生活者——創造另一種可能性》，頁 51、145。

鎖商店＝取貨站」，似乎也可以不必依內政部建議轉型爲合作社直營「好所在」，不是嗎？因爲既然還是推展「共同購買」運動，直營「好所在」能存在，那麼「連鎖商店＝取貨站」爲何要轉型呢？

（二）缺乏法制理念來運作行政的現象

「法治」是針對「人治」的用詞，依法行政，是現在民主社會的普遍原則，因「立法」過程，即由民意代表參與，所以行政官僚依法行事，便具有「民意」的基礎，「法治」也比較「人治」更有民主的正當性。而自治組織若在行政工作上都有內部「法規」與「制度」，無疑是容易趨向民主的管理方式。

1. 法制委員會乏人重視

筆者 2005 年初任理事之際，承諾協助成立「法制委員會」，編印完成該社第一本「單行法規彙編」，並擬定「法制委員會設置運作暨法制管理與單行法規彙編使用辦法」，以期後繼有人賡續其事。筆者並刻意推辭後任主任委員一職，而是爲了觀察是否有穩定人員可以承接讓該組織功能，可惜法制委員會（或小組）最後根本就乏人問津，也就是說第一年所點檢該社缺乏的法規，在兩年後依然沒有甚麼進展——包含各種辦事細則、職務歸屬分層負責表等重要規範均無人理會。

2. 沒有法制難以科學管理

該社行政管理缺乏「職務歸屬與分層負責明細表」，所以上下、左右層次相互越權，不只發生在選任人員「治理」與實務專職人員「管理」層面的錯亂，在「管理」層面的行政團隊中，也發生不同部門「欺生」與「欺弱」的現象，於是弱勢部門的新鮮人經常留不住人才。〔註77〕如何做到「科學管理」的境地，則「職務歸屬與分層負責明細表」是必須的工具，每個職員所處理的每一項業務，及其審核與核定的層次，都能表列顯示，才能讓工作人員明白自己與別人權責的分際，也才能成爲今後績效考核的依據。

3. 沒有買賣「合約書」的觀念是否能善盡管理人責任？

該社在第二屆理事主席任內竟然不知道與廠商訂定「合約書」的重要性，此一情況實在令人驚奇。因爲買賣雙方「契約」文書爲實踐公平交易之精神，不僅爲我方占「便宜」而設，且是防止對方「投機」與「輕忽」之措施，不可免除。

〔註77〕財務會計人員最爲更換頻仍，對該社帳務與財務控管影響最大。

以筆者代理理事主席發生兩案實例而論，黑木耳廠商以「因病由太太代理作業」為由，開脫其責任；櫻桃乾廠商以「採果後加工前之防腐作業」簡單說明，並以「為貴社帶來不便表示歉意」，即可免於商譽損失及其他可能風險責任之追究。該社產品部同仁一味信任人性光明面，不能防止廠商「投機」與「輕忽」的態度，已甚明顯。

檢視該兩案交易雙方關係，並無類似「商業契約」行為，對「公平交易」理念下之買賣雙方權利與義務，均無規範，沒有商譽與產品風險轉嫁責任追究之機制，對消費社員之身體健康及財產安全，缺乏身為「消費者保護體」應有的功能，簡直不可思議。尤有進者是第二屆理事會要總經理部門檢點「商業契約」的議決，竟被拖延到第三屆新理事會，以致實務專職人員得以我行我素。

（三）該社選任人員「治理階層」的各種分權與制衡檢討

1. 四種法定機關是各有角色扮演，必須各自健全，才能相互制衡

李錫勛教授著《合作社法論》（合作社的機關）〔註78〕中論述：其不可缺少的，一為意思機關的社員（代表）大會，為直接發表社員的總意，以決定合作社意思的最高權力機關；二為執行機關的理事會，為基於社員大會的授權，對內處理合作社的一切事務，對外代表合作社的機關；三為代表社員大會監督理事執行社務業務的監事會；四為協議機關的社務會議，是協同理監事意思的機關。此外，則為補助機關的職員，為輔助理事，執行社務業務，如經理、文書、司庫、會計及委員會等，是根據業務需要而設。

2. 總社中央集權現象需要地方來分權與制衡

目前總社、分社及「好所在」經營管理分成三個層次，卻只有一個理事會運作——根本無法監督此三級的服務網路，以落實「社員民主管理」與「自治與自立」的原則理想，而事實上連總社的內部管理法規都不完整，更遑論分社及好所在的管理辦法，最近更隨著臺北分社的成立，也發現若干分社因缺乏法制，而有「尾大不掉」之勢，總社難以指揮的狀況，所以要解決此「中央集權」與「鞭長莫及」的缺失，那麼第三級的「地區營運」便要有給予更多的授權〔註79〕，甚至要學習日、韓姐妹社朝向「單協——單位社」的方式

〔註78〕李錫勛，《合作社法論》，頁126。
〔註79〕依據該社現有「地區營運委員會組織簡則」其分區委員會授權非常不足，甚

進行「分權」（或稱「分治」）。

日本國「分權」情形，以上次河野會長介紹〈迪坡〉〔註80〕說：「日本的連合社總經理根本管不到最基層〈迪坡〉的營運。」〈迪坡〉這種約 1,000 個社員利用的單位，也曾經成爲獨立的單位社，後來又回到由「營運委員會」來經營。神奈川生活俱樂部合作社，社員發展至五萬人時，將八個區域實施「單合作社化」，以實踐「小而美」的理念，〔註81〕其區域約略爲該社分社理念。

韓國「分權」用「單協」的方式。所謂「單協」就是「單位合作社」，她是有獨立理監事會議並向政府立案，財務能夠自負盈虧的法人團體。

3. 私營「取貨站」應該趕緊「合作社化」的理由

日本「單協──單位社」是獨立法人，自己有獨立理監事會，作自我負責的決策。在社員最需要服務與方便管理的地方，讓社員學習合作社的經營之道，以供她們將來更高一層到總社執行民主管理任務，這也便是私營「取貨站」應該趕緊「合作社化」，轉爲直營「好所在」的最重大法理依據，〔註82〕以利社員實地操演一個具有「準理事會」的地區營運委員會，來詮釋合作社與「關懷地區社會原則」的關係，也是更綿密詮釋「自立與自治原則」的方式。〔註83〕

（四）選任與專任職員的分權與制衡

依據邱俊英的在職進修論文，提到該社轉型後的問題中，包括「理事會與執行團隊權責不清」、「誰是決策核心」、「組織快速擴大所帶來的問題」、「總社與分社權責不分、組織架構不明確」等內部管理，其核心幾乎都是選任與專任職員「權、能」應該分立的問題，至於其〈結論〉提出「成立變革小組」、「建立體檢機制確認合作社的民主運作」、「組織架構重新調整」等建議，也待那些有建議與執行權的專任職員勇於放棄選任理事的決策權，而選任理事

至只有「工具性」功能而無「主體性」機能，其與日韓姊妹社「分權」或「分治」之「單協」理念差異甚大。

〔註80〕橫田克巳原著，翁秀綾編譯，《我是生活者──創造另一種可能性》，頁 47～48。

〔註81〕橫田克巳原著，翁秀綾編譯，《我是生活者──創造另一種可能性》，頁 50。

〔註82〕內政部 94 年 10 月 14 日內授中社字第 0940720178 號函稽核項目中表達私營「取貨站」應依章程轉型爲直營。

〔註83〕財團法人臺灣合作事業發展基金會，《合作社理監事手冊》，頁 17。

既然擁有決策權,同樣地應該放棄行政執行權,否則「權」、「能」不能分立,裁判兼球員的結果就是紛爭不斷。

1.「產品月會」或總經理皆不能被完全授權替代理事會執行產品決策權

若從「權力分立」理論推論:理監事與總經理部門有「立法決策的監督者」與「建議執行的被監督者」角色扮演關係,「監督者」的理監事得善盡管理人責任,如何可以授監督者之權限給「被監督者」,如此宛如立法委員不必開會,要行政院官員兼代立法委員決議政策一般。故產品月會或總經理能否被「割讓式授權」——替代理事會完全執行決策權,以致多數理事完全不能掌握產品業務狀況,便不言而諭。

2. 理事個人不能替代總經理執行建議權及管理權

第二屆理事會一開始時,便有理事同仁,在未經理事會合議通過下,私自陪伴各部門開會等情形,好像要架空或要接收總經理的管理權一般,以致於遭受社員代表抨擊而停止。此種現象也是理事濫用「合議制」現象,試問理事列席會議時,若發生總經理與列席理事「結論」不同意見時,職員是該聽「總經理」或聽「列席理事」的意見呢?如果是「聽列席理事的」,到了要將「結論」再向理事會提案時,請問是「總經理」或「列席理事」提案呢?誰要負起提案的執行成敗責任呢?

五、小結:用「弟兄愛」的精神協助合作社成功轉型

孫炳焱在介紹賴羅博士〈公元二千年的合作社〉的專文中提到,一般合作社經營常面臨三種危機——「信心危機」、「經營危機」、「思想危機」。特別提出合作社經營者與理事會當局的權限問題——「一般而言:經營者是專家,理事會成員則是經營的門外漢,理論上二者互相制衡,一方決策,一方執行,正如車之二輪,如配合妥當,當能相輔相成,但是演變結果,合作社的決策大權,則有漸漸旁落到經營者手中的傾向,導致大多數社員的需要被忽略,經營偏向事業優先的趨勢,終於使社員與合作社產生游離現象,連帶意識稀薄,合作精神蕩然無存。」〔註84〕孫氏這段經營危機現象的描寫,目前正在該社的綠主張公司老幹部權力行使的情景狀況。

筆者已經是退休的中年男人,能夠落實 18 年前的心願,踏入合作社權力

〔註84〕孫炳焱,〈關於《公元二千年的合作社》之論旨及含義〉,收錄於《公元二千年的合作社》(臺中:中華民國儲蓄互助協會,1985 年),頁〈序〉10～11。

核心，進行研究工作，這是社員代表給筆者的機會，也是一種責任。猶記得逢甲大學教授陳靜夫在一篇〈基督教社會主義學派與合作社運動〉，〔註85〕提到當初許多基督教社會主義信徒以「愛」的胸懷與慈善家、勞工運動者，共同推動英國的合作社事業。瑞典合作學者貝克說：「自由主義者追求自由價值，社會主義者追求平等價值，而合作主義者追求兄弟價值，即友愛與互助合作。」〔註86〕今天回顧這種歷史上的「初衷」，對於該社裡外各種應興應革的工作，理應投注更多的關懷和期待，而不是一味指責或放棄。

筆者最後仍要強調本節寫作的目的——用宗教的「兄弟愛」精神協助轉型成功。至於讀者要問：為何不在體制內提出，好讓她們進行改革，何必用學術管道來申訴，筆者只能回答「體制內已經講到她們都麻木了，即使送請合作行政主管機構干涉，她們也未理會」，所以利用學術管道建立紀錄。就像陳岩松在 28 年前已警告「臺灣信用合作社缺乏合作精神，擴展愈大，離合作本質愈遠，變質機會愈大。」不幸今天都被他所言中。而筆者今日研究是否具有「先見之明」，也期待歷史之考驗，如今留下紀錄，作為該社後來有心者參考，但願該社能永續經營，不會重蹈張啟仲全聯消費合作社的覆轍是幸。

圖 4-3-4   圖 4-3-5

社員代表研習活動 96.10.21 在
彰化由生產者上課（李永志攝）

「勞動自主研習」2005.12.23 在
臺灣新店（李永志攝）

〔註85〕臺灣省合作事業管理處發行「合作發展」月刊，82 年 1 月「合作專論」，頁
　　　 13。另 Charles Gide 原著，吳克剛譯「英國合作運動史」，中國合作學社發行，
　　　 民國 79 年版，頁 46 財團法人臺灣合作事業發展基金會，《合作社理監事手
　　　 冊》，頁 17。
〔註86〕陳岩松，《中華合作事業發展史》上冊，頁 374。

第五章　臺灣現代民間團體與非營利企業的展望

　　由於後現代主義思潮，透過揭示當代資本主義在精神創造力上的整體衰竭，來宣告當代資本主義文化的必然衰落，以否定傳統價值體系和文化體系的方式來呼喚新的價值體系和文化體系。〔註1〕因此，我們也見識了國內、外各種「營利性」公司，開始盛行成立自己企業捐助的基金會，或者直接以企業名義進行一些「非營利性」的公益活動，來塑造自己品牌的新形象。也因此一些原本依靠企業捐款以營運的「非營利組織」，就此發生了募款上的困難，再加上近年來臺灣經濟的萎縮，雪上加霜的「非營利組織」，只好嘗試「社會企業」的經濟來源，〔註2〕這正是「社會」與「經濟」必要重新結合的趨勢，筆者以為這正是世界性後現代主義社會的考驗。

第一節　從合作經濟的優越性呼籲政府依法保障合作事業

　　筆者從第二章之第三節所統計合作社數量，尤其是具有指標性「信用合作社」數量的銳減，正顯示出臺灣合作經濟界的警訊。然而，合作社事業的減少，卻未改變合作事業的特色及其價值，故呼籲政府應該依憲法扶植合作

〔註1〕張國清，《後現代情境》（臺北：智揚文化，2000年），頁31。
〔註2〕陳定銘，《非營利組織、政府與社會企業：理論與實踐》，頁 139～149、232～244。

事業的精神，擬訂保障弱勢經濟族群的合作政策。

　　曹永奇的〈社會企業的社會經濟運作之探討——以主婦聯盟生活消費合作社爲例〉碩士論文，有一個盲點是曹氏所疏忽的——應該也要探討主婦聯盟環境保護「基金會」，是否也能附設其他社會企業，才有創發性，本節也將探討該基金會的危機，以及解決之道。

一、國內各級人民團體的財務困難與合作社的借鏡

　　內政部最新出版的《各級人民團體活動概況調查報告》，2003 年底各級人民團體總數爲 27,181 個，停止活動者有 723 個團體，佔 2.7%；而未辦理任何活動者佔 10.2%，其原因以缺乏經費爲最主要原因。又 76% 以上團體在運作上有困難，而最主要困難是經費不足，占 49.8%（其中社會團體 52.9%，高於職業團體 34.9%），〔註 3〕可見今日非營利團體的困難所在，幾乎都在財務方面。而社會團體財務困難度高於職業團體，正因爲社會團體爲自由參加，而職業團體爲強迫參加之緣故。

（一）民間社團與非營利組織的財務問題

　　近年來，國際非營利組織的發展深受福利國家的影響，非營利組織逐漸扮演起提供福利服務的角色。但在公部門補助的額度愈來愈少，以及私人捐款也逐漸下降的情況，非營利組織必須正視可能產生的財務危機。於是有些非營利組織開始在服務提供上，加入了營利組織的商業行爲，利用營利組織裡的企業管理行爲來維持組織的獨立運作。因此，這類型混合非營利組織與營利組織特性的綜合體組織被稱爲社會企業。

　　以臺灣科學振興會的財務爲例，1910 年的決算數，年收入總共爲新臺幣483,068 元，扣除年度支出後，只剩下新臺幣 9,108 元列入累計結餘。該會因爲沒有聘任專職人員，所以無需人事負擔，如果詢問其他有專職人員組織，則年度決算呈現虧損者，絕非特例，這便是 2003 年統計中 76% 以上團體，在運作上有困難的問題，筆者相信 2010 年若內政部有所統計，其困難度將與近幾年來的國內經濟發展狀況成正比。

（二）社會與經濟兼顧的合作社組織財務優勢

　　反觀主婦聯盟合作社的財務優勢，其在 2008 年的決算案中，營業額爲新

〔註 3〕　內政部統計處，《各級人民團體活動概況調查報告》，頁 I～III。

臺幣 665,686,846 元，該年度結餘爲新臺幣 21,894,239 元，爲營業額的 3.29%，
除扣除股息 1% 外，尚可依法分配結餘，其中「法定公積金」、「公益金」、「理
事、職員酬勞金」各 10%，「特別公積金」20%，「社員交易分配金」50%，也
就是說該年有「公益金」新臺幣 2,109,731 元，是可以進行各種公益活動之用。
〔註4〕由此，可知前述非營利團體的困難，在合作社這個兼顧社會與經濟的團
體是不存在的困境，這就是筆者肯定它的永續性價值。

二、經濟的不平等造成自主性的不平等

　　2007 年 7 月 26 日上午，主婦聯盟合作社第 4 次社務會議的議程中，代理
理事主席張月瑩提出「基金會決議不再與合作社共名」之因應案。其案由說
明：「主婦聯盟基金會董事會決議，欲改變與合作社之關係，採取「不共名但
可以合作——即希望合作社不要再使用『主婦聯盟』4 個字」。筆者對此一類
似「內訌事件」，認爲其中顯示有若干意義，是值得非營利團體將來在附設「社
會企業」時，所應注意的，尤其是對於社會運動界與行政管理界，不無相當
參考價值及顯示合作社事業的財務優勢。

（一）基金會與合作社的共名爭議

　　主婦聯盟基金會與主婦聯盟合作社之所以會在 2007 年產生爭議，事實上
有其理論與實務上的諸多問題值得探討。而核心的癥結點仍然是俗氣的
「錢」，也就是「財務」的問題。在基金會方面的困難，據其當時董事長顏美
娟表示有兩方面，一是募款的困難——因爲社會人士，以爲基金會既然已經
有合作社事業，又見此事業蒸蒸日上，當然財務應該沒有問題，所以不願再
捐款，而不知道這是兩個各自獨立的單位——由張美姍〈消費合作社平抑物
價之研究——以主婦聯盟爲例〉的研究論文命題，就可以證明張氏也不知道
主婦聯盟有兩個不相統屬的單位，而以爲「主婦聯盟」就是「合作社」，而不
知有「基金會」的存在，此一方面也可以從各種期刊媒體報導的篇數統計，
見證「主婦聯盟」這塊招牌，將慢慢被「合作社」所專用（表 5-1）。另一方
面的困擾——許多消費者想要電話詢問合作社的消費問題，也因爲不知道這
是兩個各自獨立的單位，所以電話往往在電腦網路查詢後，就撥打到基金會，
以致基金會電話量爆增，需要人力處理這些詢問的電話。

〔註 4〕 該社秘書室，《臺灣主婦聯盟生活消費合作社第三屆社員代表 2009 年常年大
　　　　會手冊》（臺北：該社，2009/3/1），頁 90。

合作社的幹部則認爲：「合作社」以「主婦聯盟」基金會，長期主張的環保訴求，作爲經營事業的根本精神，15 年來的綠色消費「共同購買」運動與 6 年來合作社正式登記後的事業經營，對此 4 字並非攀附，有一路參與的人，並且也實際共同擦亮了這面招牌。又合作社爲事業之經營，商標名稱爲一點一滴地累積，社會認同的所在，故共同使用「主婦聯盟」名稱在情、理、法上並無不當。並且考慮更名之後遺症，不應輕率放棄。〔註5〕

（二）共名爭議的探討

依據非營利團體的自治精神，本來兩個層級相同的單位，就不可能互相管轄，不像某些分級成立的團體——如省教育會、縣教育會、鄉鎮教育會，有它們章程上的同質性，比較有上、下倫理可以遵循，尤其是財務上，下級單位若有依賴上級補助情形，則不能不嚴格遵守上級規定。但以臺灣省教育會補助各縣市教育會，另行成立「財團法人〇〇縣市教育會基金會」的經驗，則也曾發生縣市級教育會基金會的年度滋息，不一定要贊助同級教育會來發展會務的案例，〔註6〕所以主婦聯盟基金會與主婦聯盟合作社要發生「共名」的爭執，應該是或早或晚的事，這在內政部合作社行政主管機關，早在該合作社要與基金會共名立案時，就表示不宜的可能原因，可惜當時的行政主管似也承受政治壓力而妥協。〔註7〕

1.「主婦聯盟」的美好形象，爲「綠主張公司」與「合作社」招牌加分

王順美、江琇瑩、柯芸婷所共同研究〈臺灣綠色消費運動的參與分析——主婦聯盟共同購買爲例〉。〔註8〕本篇論文發表於 2000 年，合作社尚未正式成立，論文中的「主婦聯盟」，即爲基金會的名銜，當時研究人員，並沒有在意這個運作「共同購買」的主體，其實在政府登記的名稱是「綠主張公司」，而非「基金會」。

林昆輝的《非營利組織形象與消費者入會動機關連性之研究——以臺灣

〔註5〕 主婦聯盟合作社 2007 年 7 月 26 日上午，第 4 次社務會議紀錄。

〔註6〕 筆者曾任臺灣省教育會候補監事，從列席監事會議中獲悉這些縣市級會務內部訊息。

〔註7〕 潘偉華，〈主婦聯盟生活消費合作社實踐自治與自立的探討〉，《第八屆亞細亞姐妹會交流年會手冊》（臺北：臺灣主婦聯盟生活消費合作社，2008 年），頁 14～15。

〔註8〕 王順美、江琇瑩、柯芸婷，〈臺灣綠色消費運動的參與分析——主婦聯盟共同購買爲例〉，頁 15～28。

主婦聯盟生活消費合作社爲例》論文，也證明消費者對需繳交入會費之組織機構，其會員入會的動機，將因其爲非營利組織之形象，強烈影響消費者的參加意願，而「主婦聯盟」的美好公益形象，正是當初許多人願意加入「共同購買」爲會員的原因。

2.「主婦聯盟」共名之後，「基金會」一方的尷尬

設若當時基金會的幹部對「社會企業」多所了解，不需讓其「消費品質委員會」另行成立「綠主張公司」，運作綠色消費運動或「共同購買」，則今日的基金會業務應該沒有所謂的財務問題。

兩個團體的環境保護理念與淵源既是事實，合則兩利，分則兩蒙其害。當年基金會董事長顏美娟因此未能續任，造成遺憾。而合作社事後也在經費上，多予基金會專案補助，以克服基金會財務之困難，此種爭議，其實在「共名的合作備忘錄」中，早就應該防範，聲明各自的權利與義務，就不會在 6 年後才發生困擾。

然而共名的兩個單位首長，「基金會」董事長將會在每屆的財務上，比之「合作社」理事主席倍感壓力是無庸置疑的。未來「基金會」董事長人選必然難覓的情況，與「合作社」理事主席人選會可能出現競選的情況，將形成有趣的對比現象。

若從 20 年來媒體與學術界的關心程度與被研究機會，則基金會在歷史上的焦點，已經被轉移到合作社的身上，似乎合作社的光芒已經蓋過基金會了（表 5-1-2），這固然是合作社組織在非營利組織中的財務優勢，另一方面也表示，其他非營利組織也需要一種「社會企業」的迫切性。如此，就不會再有共名與否的問題了。

3. 主婦聯盟基金會可能還有建立自己「社會企業」的需求

主婦聯盟基金會 2010 年的財務表現，在所有非營利組織的績效中，算是非常優異的一個團體，其年度總收入新臺幣 7,277,233 元中，捐款收入 55%，專案收入 34%，其他收入 9%，活動收入 2%。扣除人事費 33%，專案支出 31%，行政費 22%，業務費 14%，還有剩餘新臺幣 198,083 元，這可說是非常難能可貴的財務狀況。依據現任董事長陳曼麗表示，目前該會 8 位專職，50 位以上志工，近 1,000 位贊助會員。過去一年，出力者超過 100 位，捐助者超過 1,200 位，參加活動者超過 10,000 位，這可說是一個極爲亮麗的組織

成績了。〔註9〕

　　主婦聯盟基金會未來的其他任期董事長，是否每屆都能像陳曼麗這麼優秀，在募款能力上，不會受到景氣影響，這似乎是難以預料的。主婦聯盟合作社是否就是主婦聯盟基金會的「社會企業」呢？答案自然是否定的，因為這是兩個獨立的組織。今後主婦聯盟基金會若沒有像「彭婉如文教基金會」一般，有自己堅實的社會企業陣容，〔註10〕可以支應龐大的財、業務負擔，難免還要看景氣「吃飯」，沒辦法另行建立財務永續性的機制，那麼將來若要依賴合作社，就會變成像其他企業捐款的基金會一般，她的自主性會慢慢消失於主婦聯盟合作社的財務依賴中。

三、合作社仍然是臺灣 21 世紀的濟世良藥

（一）從社會財富分配懸殊改善之道而言

　　根據行政院主計處「2005 年家庭收支調查」，最低前 20% 所得家庭，它的可支配年所得，僅 29.76 萬元，但最高所得組為 179.68 萬元，兩者差距高達 6.04 倍。從統計資料來進一步分析，國內最高與最低家庭所得差距，是從2001 年開始，也就是民進黨執政之後，才超過 6 倍大關（表 5-1-1）。換言之，李登輝的經濟自由化之後，國內貧富的差距確是逐年惡化中，這正是臺灣「M型社會」的現象了。對於大多數臺灣平民百姓而言，他們未明顯獲得政治民主化之益處，卻已實質承受了經濟自由化的苦果——貧者愈貧，富者愈富的M 型社會現象。〔註11〕

　　臺灣 M 型社會的產生，更因全球化的影響，企業人員精簡，使得被裁員的人越來越多。大部分中產階級的人，因著失業率與物價指數攀升影響，而逐漸趨向 M 型的底端。目前大部份的青年人為著房貸的壓力，結婚後不敢生養小孩；或者為著孩子的教育負擔，不敢多生一個以上者比比皆是，而造成出生率劇烈下降，已為全球最低水準國家之一，這是臺灣社會的諸多隱憂之一。〔註12〕

〔註 9〕陳曼麗，〈董事長的話：結成好伙伴　捍衛優環境〉，《主婦聯盟環境保護基金會 2010 年報》（臺北：該會），1 版。

〔註 10〕彭婉如文教基金會網站 http://www.pwr.org.tw/index.aspx，2011/6/1。

〔註 11〕其他「病症的事實」，請參考孫炳焱，〈現代社會經濟問題與合作運動〉，《信用合作》第 85 期，頁 5。

〔註 12〕陳昌、蔡坤年、彭永康，《歷史 A》（臺北：龍騰文化，2009 年），頁 151。

表 5-1-1：中華民國歷年家庭所得依 5 等分，最高與最低位組所得分配
　　　　差距倍數

年份	1980	1987	1988	1990	1995	2000	2001	2005	2007	2008	2009
倍數	4.17	4.69	4.85	5.18	5.34	5.55	6.39	6.04	5.98	6.05	6.34
執政者名	蔣經國	蔣經國	蔣經國李登輝	李登輝	李登輝	李登輝陳水扁	陳水扁	陳水扁	陳水扁	陳水扁馬英九	馬英九

註：筆者參考行政院主計處網站 http://www.dgbas.gov.tw 整理。

（二）以非營利組織的自主性財務觀點而言

國內目前非營利組織無特別法源，據以兼營「社會企業」的狀況，捐款來源的單位——金主的意識是很容易左右團體的經營方向，非營利組織甚至墮落為特權的「白手套」地步——例如原臺北縣議員發生「議員補助款回扣弊案」，便是業者勾結民間團體，向縣府浮報統籌分配款和建設補助款，從中抽取 3 到 7 成回扣給涉案議員。〔註 13〕

合作社是 19 世紀的偉大發明，也是 21 世紀的偉大經濟良藥，我們從主婦聯盟兩個共名的組織比較，也得到了這個結論。

表 5-1-2：國家圖書館「論文期刊索引」內「主婦聯盟」關鍵字搜尋資料

序	篇　　名	作　者	刊物期別	時　間	屬基金會	屬合作社
1.	社員參與、消費價值與社員滿意度關係之研究（下）——以臺灣主婦聯盟生活消費合作社為例	唐錦秀胡會豪	合作經濟第 101 期	2009.06		○
2.	社員參與、消費價值與社員滿意度關係之研究（上）——以臺灣主婦聯盟生活消費合作社為例	同上	合作經濟第 100 期	2009.03		○
3.	消費合作社組織文化與員工滿意度之研究（下）——以臺灣主婦聯盟生活消費合作社為例	李桂秋葉書銘	同上第 98 期	2008.09		○

〔註 13〕據 TVBS 電子報 2004/9/2，〈議員收回扣案 50 人起訴歷年最多〉新聞，板橋地檢署偵辦「臺北縣議員補助款回扣弊案」，經過三個多月追查，全案偵察，檢方起訴 50 人，其中現任縣議員就有 16 位，是板檢有始以來起訴案件人數最多的一次。檢方調查，業者林詩蓮當白手套，勾結民間團體，向縣府浮報統籌分配款和建設補助款，從中抽取 3 到 7 成回扣給涉案議員。http://www.tvbs.com.tw/news/news_list.asp?no=tzeng20040902194716，2011/3/27。

4.	消費合作社組織文化與員工滿意度之研究（上）——以臺灣主婦聯盟生活消費合作社爲例	同上	同上第 97 期	2008.06		○
5.	讓臺灣常保青春的好力量——「鳳蝶獎」主婦聯盟環境保護基金會	葉益青	新活水第 15 期	2007.11	○	
6.	臺灣主婦聯盟生活消費合作社之發展模式分析——學習組織與陪伴組織	梁玲菁唐錦秀	合作經濟第 93 期	2007.06		○
7.	健康、環保與消費合作社經營策略之研究——臺灣主婦聯盟生活消費合作社個案分析	丁秋芳	同上第 82 期	2004.09		○
8.	新世代消費合作社結合關係行銷之策略探討——以主婦聯盟生活消費合作社爲例	林佳蓉等 10 人	逢甲合作經濟第 35／36 期	2004.06		○
9.	主婦聯盟的心願與成人之美	尹怡君	張老師月刊第 311 期	2003.11	□○	□○
10.	一樣的母親節，不一樣的母親情懷，主婦聯盟環境保護基金會專訪	莊靜如	健康世界209＝329	2003.05	○	
11.	一個民間團體在全球化下終身學習的啓示：以主婦聯盟爲例	洪如玉	社會教育學刊第 31 期	2002.12	□○	□
12.	有機農產品的把關者——主婦聯盟	李慧津	鄉間小路第 28 卷第 8 期	2002.08	□○	□
13.	環保「從做中學」，反核也是——訪主婦聯盟秘書長陳曼麗	林青藍	人本教育札記第 138 期	2000.12	○	
14.	臺灣綠色消費運動的參與分析——主婦聯盟共同購買爲例	王順美江琇瑩柯芸婷	師大學報：人文與社會科學類第 45 期	2000.10	○	
15.	主婦聯盟的綠人——地球終極開懷	郭如玉	綠生活雜誌第 116 期	1999.01	○	
16.	關心家庭更關心臺灣的主婦聯盟	許喬雅	嬰兒與母親第 243 期	1997.01	○	
17.	成爲綠人以後——訪主婦聯盟張希雄先生	駱苓	人本教育札記第 87 期	1996.09	○	
18.	務實中實踐改革——主婦聯盟環境保護基金會	王韻	新觀念第 95 期	1996.09	○	
19.	綠人今年特別紅——訪主婦聯盟	林苑玲	人本教育札記第 62 期	1994.08	○	
20.	主婦聯盟引領主婦踏出家門走入社會	潘宇	家庭月刊第 213 期	1994.06	○	

21.	主婦聯盟環境保護基金會	陳穆怡	成人之美 第 2 期	1993.04	○	
22.	關心家庭，更關懷教育——訪主婦聯盟教育委員會	李寶惜	人本教育札記 第 43 期	1993.01	○	
23.	以綠色消費爲談判籌碼——主婦聯盟落實環保生活	楊悠慧	環保與經濟 第 30 期	1991.12	○	
24.	勇於開口，敏於行動——訪主婦聯盟董事長陳來紅女士	李寶惜	人本教育札記 第 30 期	1991.12	○	
	合　　計				17	7

註：(1) 以「主婦聯盟」關鍵字搜尋。

(2) 本表中兩個「主婦聯盟」團體，各在 1989 年及 2001 年立案，所以在 2001 年以後，如果只使用「主婦聯盟」四個字，便難以分辨是談論「基金會」或「合作社」，例如本表序號第 9、11、12 篇便有混清現象——故以「□」表示。經查內文後，只有第 9 篇的《張老師月刊》能分辨清楚有兩個團體，而第 12 篇則把「基金會」當成「合作社」了。

第二節　非營利組織社會企業化與另立特別法的需求

　　1987 年鄭文義出版《社會及工商團體研究論集》中，已經有「將來修正非常時期人民團體組織法時，正名爲『公益社團法』，或僅就社會團體部份制定『社會團體法』，均可考慮。」的論點。〔註14〕24 年前他的建議，旨在考量如何簡化「社團法人」所受三種主管機構指揮監督的困擾，而筆者以爲：不管新法稱「公益社團法」、「社會團體法」，或者稱爲「非營利組織法」，皆應比照「合作社法」立爲「特別法」，其理由，除了上述「多頭馬車」困擾之外，另外最大緣由，則爲「非營利組織企業化」之時代潮流，以解決自主「財務」趨勢，使得非營利組織能夠發揮「社會資本」與「公民社會」的功能。

　　另立一種非營利組織可以兼營企業或產業的「特別法」，讓社政官員可以安心地依法行政是必要的，如此也讓非營利組織光明正大地經營社會企業，是政府現在時空非常迫切的議題。

一、另立「非營利組織法」或「社會團體法」爲特別法的理論

　　日本於 1992 年修正農業合作社法，使得農業合作社可以經營「關於老人

〔註14〕鄭文義，《社會及工商團體研究論集》，頁 190。

社會福利設施」的業務，且開放得以讓非社員利用，使農業合作社參與「政府的社會福利事業」，正式開放並取得合法地位，消費合作社、勞動合作社及其他合作社也得以比照適用。〔註 15〕這便是政府修法以因應時勢的實例，是故不只社政單位的「章程草案參考範例」中「本會為依法設立、非以營利為目的之社會團體」，應該更清楚定義「非以營利為目的」的意義，還要規範其他的權力、義務關係，不能讓保守的社政官員以個人僵化的自由心證，阻撓人民的結社自由權。

（一）正視非營利組織「社會資本」與「公民社會」的功能

1.「社會資本」（Socil Capital）理論的研究

顧忠華強調，社會資本的核心內涵，在於它提示了一種「不斷改造的社會關係」，這種關係體現在非營利組織的場域中，代表了人們的互動模式可以「生成」及「轉化」為有利「公共財」生產的社會資本。近年臺灣多次政治選舉中，政黨與政治人物經常不惜甘為社會信任的殺手，不斷鼓動社會的對立；反觀臺灣的人民在過去經濟和社會發展經驗中，卻已普遍建立起政治以外的協同合作關係，這些共同的信任資產並沒有全被政治鬥爭浪費掉，還可以維持著社會秩序的正常運作。〔註 16〕

陳金貴對非營利組織與「社會資本」的研究，提示出民主社會中「社會資本」的重要——指社會組織的特徵，例如信任、規範和網絡，經由有效的協調行動，可以改進社會的效率。非營利組織在當前的社會中，已有越來越重要的角色，過去關心非營利組織的發展者大都著重於非營利組織的經營管理，而忽略其對社會影響的層面，事實上，也因為非營利組織得不到較多社會的關愛，也未能有較深的思考，如今社會資本觀念的引進，可以協助研究者與觀察者以不同的角度，去深入探討非營利組織真正發生其影響力的原因，使得非營利組織可以在這種新觀念的剖析中，調整其發展的利基。〔註 17〕

〔註 15〕 孫炳焱，〈日本合作組織因應高齡化社會之過程與現況之研究〉，《合作經濟》第 90 期，頁 8。

〔註 16〕 顧忠華，〈社會資本理論與非營利組織——研究構想與心得〉為國科會《從社會資本理論探討臺灣第三部門之發展問題》專題研究之後續發表。前文見 www.ntpu.edu.tw/pa/news/93news/attachment/.../1228-7.doc，2011/5/30。

〔註 17〕 陳金貴〈非營利與社會資本〉 www.ntpu.edu.tw/pa/news/93news/attachment/.../1228-4.doc，2011/4/1。

2.「公民社會」的理論研究

王世榕為新時代基金會執行長，他以為：公民社會（Civic or civil Society），乃是近代社會的產物，沒有權利意識的覺醒和民主政治之來臨，就不可能產生。如今，公民社會或稱第三部門或獨立部門，與政府和工商部門，構成了現代民主社會盛衰最主要的三個支柱，各有職司，相輔相成，共同完成一個更美好的社會。〔註18〕他更確認：非營利組織是自由民主社會的產物，同時也是自由民主社會的基石，因此非營利組織的社會團體，在自由主義、個人主義下組織起來，促進個人和社會的公益。他以為臺灣非營利組織未來十年發展計畫的努力方向，為環保、民主、民生、文化、婦女、弱勢等議題。

陳定銘發現臺灣在千禧年後，由於政黨之間的激烈競爭，國會殿堂的紛擾不休，常常造成議事陷入空轉，政治人物彼此之間的相互攻訐與口水戰，使得政府運作停滯不前，造成國家競爭力的下降；而在企業界則是爆發一連串的金融掏空弊案，對於社會大眾影響甚深。當政府績效不彰，企業弊案叢生之際，如何扭轉此頹勢，則有賴非營利組織，從民間社會做起，與政府公私合夥，推動社會公益的夥伴關係；倡議企業善盡社會責任、提倡社會企業概念等，政府、企業與非營利組織，必須為建構優質的公民社會而努力。〔註19〕

綜觀「公民社會」是理念的結合，是為保護個人的權益而生，它不是用來對抗政府與企業，甚而取代政府，抵制企業，它與政府及企業間是發展成一種合作與互補的夥伴關係。因此，政府實應藉組織改造之契機，建構完善的法規環境；培養專業人力，理論與實務並重；培養公民性，建立合作與互補關係，以促進公民社會健全發展。〔註20〕

（二）「非營利組織產業化」的論述已有根據

1.「非營利組織產業化」是世界的趨勢

臺北大學公共行政暨政策學系教授陳金貴所說：大環境的變動中，不論

〔註18〕王世榕，〈如何營造對全球公民社會的影響力──臺灣參與全球公民社會的策略〉，收入吳英明、林德昌，《非政府組織》（臺北：商鼎文化，2001年），頁25～37。

〔註19〕陳定銘，《非營利組織、政府與社會企業：理論與實踐》，臺北：智勝文化，2007年，頁345。

〔註20〕蘇佳善，〈摘要〉，〈臺灣、中國大陸與香港公民社會發展之比較研究〉，臺北：淡江大學中國大陸研究所碩士在職專班碩士論文，2011年，頁2。

是國內外的非營利組織，都面臨資源枯竭的衝擊，無法依據政府經費或社會捐款的支持，自行營利以求生存，將是無法避免的趨勢，如果能夠在顧及本身原來任務的社會目的，同時以企業手段來獲取合理利潤，如此的社會企業化方式，應該是非營利組織本身及社會大眾所能接受。〔註21〕

陳氏以爲：「社會企業化未必一定要營利，若能透過企業家精神的運作，使非營利組織更能發揮組織功能，提昇活動效益，對社會也更有意義。非營利組織的工作人員及社會大眾應以開放及創新的觀念，來接受此必然的發展。同時也呼籲政府扮演輔導和協助的角色，主動召集專家成立推動及諮詢小組，並召開相關的研討會、辦理講習班及舉行觀摩會，透過一連串的宣導和教育，才能協助非營利組織正確而有效的採行社會企業化的運作，使它們逐漸走向能夠自力更生的運作。」〔註22〕

2.「非營利組織產業化」促進國內經濟發展與就業機會

國內曾經對「非營利組織的產業化」或是「福利事業產業化」的議題，著實沸沸揚揚討論一陣子。支持者的論點在於非營利組織一旦產業化之後，不僅爲本身組織帶來收入，降低對政府的依賴，更能夠效法歐盟的社會經濟或是第三部門就業體系，解決當前的失業危機進而帶動臺灣整體的經濟發展。不贊成者則認爲將資本主義的商業化帶進非營利組織運作當中，將會減低組織對於社會大眾的公信力，危及組織的社會使命。〔註23〕雖然贊成或是反對的聲浪尚未趨於一致，但是就筆者以爲，目前創造就業機會，就是今日高失業率社會的公益事業，如果連組織都氣息奄奄，甚至沒辦法生存了，那還有組織的社會使命可言？

李艾佳以爲非營利組織應該具有基本的經濟功能，「產業化」勢必成爲大多數非營利組織，在當前募款不易，財政吃緊時的一種選擇。李氏以爲臺灣的經濟發展脈絡，由於本身先天條件不足，政府在產業發展政策上的優先順序，往往著重於能夠迅速創造高競爭力的產業，像是過去的加工製造業，或是現在的高科技產業。但是這樣狹隘的產業發展政策，卻造成現今高失業率

〔註21〕陳金貴，〈在非營利組織社會企業化經營探討〉，《新世紀智庫論壇》第19期，頁50。
〔註22〕陳金貴，〈在非營利組織社會企業化經營探討〉，《新世紀智庫論壇》第19期，頁50。
〔註23〕李艾佳，〈第三部門發展新趨勢：非營利組織產業化〉，《新世紀智庫論壇》第22期，頁86。

的主要原因。〔註 24〕高失業率的問題，不只象徵許多人沒有經濟收入，也隱藏著有收入者的薪俸，難以跟隨物價指數節節上升，是故平均家庭總收支必然受到影響，也連帶影響公益性奉獻的金額，與參與志工時間的現象。

（三）正視現行非營利組織學理上的其他功能

1. 從兩岸政治社會競爭的角度而言

現任內政部人民團體科長蘇佳善，曾經進行臺灣、中國大陸與香港公民社會發展之比較研究，以為在政治民主化，經濟自由化、社會多元化、公民參與度高，與教育普及之下，臺灣發展公民社會的可能性最大；香港的發展條件原本與臺灣相似，惟 1997 年回歸大陸後，受大陸政治制度的影響，民主化並不明顯，相對壓縮發展公民社會的空間；大陸在上述各方面表現除經濟外，均較臺灣與香港為弱，發展公民社會的可能性也最低。〔註 25〕

隨著大陸改革開放與兩岸交流的日漸頻繁，而臺商也呼應大陸「你們發財，我們發展」的統戰策略，置中華民國政府「戒急用忍」於腦後，令大陸經濟迅速竄起，對比於今日臺灣整體競爭力的停頓情勢，許多臺商在「狡兔死，走狗烹」的利用價值後，似乎已經有些大陸「回歸」經驗的反省。然而臺灣人又要如何面對——從早期到大陸探親那種優越感，到大陸首善陳光標來臺行善，臺灣人追蹤跪求紅包的新聞？〔註 26〕

圖 5-2-1

中國共產黨的標語口號「偉大、光榮、
正確的中國共產黨萬歲」？
（2008 年李永志攝於福州閩江旁）

臺灣社會以前那種「臺灣錢淹腳目」的時代，其經濟優勢已經成為過眼雲煙，未來中國大陸的經濟優勢，將會在「四個堅持」的體制下，持續穩定地發展，其貧富也將越來越懸殊，未來大陸暴發戶來臺觀光「撒錢」應該為

〔註 24〕李艾佳，〈第三部門發展新趨勢：非營利組織產業化〉，《新世紀智庫論壇》，頁 87。

〔註 25〕蘇佳善，〈摘要〉，〈臺灣、中國大陸與香港公民社會發展之比較研究〉，頁 2。

〔註 26〕【綜合報導】，〈陳光標發紅包　領到笑　領嘸哭〉（蘋果日報，2011 年 1 月 28 日），http://tw.nextmedia.com/applenews/article/art_id/33147324/IssueID/20110128，2011/5/30。

時不遠，〔註 27〕臺灣人爲了賺錢或其他理由，選擇中國大陸國籍者也將愈來愈多。〔註 28〕臺灣唯有一項民主政治的「公民社會」，才是大陸有錢人所夢寐以求的憧憬，也將是他們在「四個堅持」體制下，有錢也不敢在臺灣人面前「自大」的痛處。這些時局改變的現況，已經顯示臺灣政府、民間團體及個人，都必須要另行發展一種新的機制與精神，以爲因應兩岸局勢。

2. 從國際交流的角度而言

顧忠華對 21 世紀非營利組織的全球化的觀察，以爲冷戰宣告結束後，「全球公民社會（global civil society）」也隨著「全球化」的趨勢逐漸成形。事實上，由於溝通科技的發達，地球各個區域的互通聲息愈來愈頻繁，而除了政府和企業組織的跨國交流外，另一種跨國界的連繫與合作，日益受到矚目，也就是各種非營利組織（Non-Profit Organization, NPO）和非政府組織（Non-Government Organization, NGO）在全球範圍的議題上，扮演十分吃重的角色，這即是「全球公民社會」的基礎。〔註 29〕

3. 從社會財富分配正義的角度而言

非營利組織基本上被社會行政人員僵化的「非營利」觀念所束縛，至於「營利」與「非營利」的內涵如何？是否應該定義「非營利」爲「不能比照公司企業分配盈餘」，或者一如「合作社法實行細則」，有更詳細的說明。否則一涉及收費事項，便有營利的嫌疑，而令社會行政管理人員與非營利團體雙方都產生困擾。

二、迎接新時代精神的「非營利組織」或「社會團體」特別法

（一）倣效「合作社法」直接規範「社會團體」爲法人

「合作社法」因爲規範的業務，主要以服務自己的社員爲目的，例如消

〔註 27〕 陳玉華〈奴隸島一遊　王又曾撒美鈔〉（臺北：中國時報，2002.07.04），報導陳水扁總統訪問團一行人搭船前往塞內加爾著名的奴隸島，商總名譽董事長王又曾欲罷不能，丟完帽子，突然起身掏出美金，一張張地拋向岸邊。只見鈔票由天而下，彷彿臺灣賣場開幕送鈔票的翻版。5 版焦點新聞。

〔註 28〕 楊育欣，〈人才外流　撞球名將吳珈慶改入大陸籍〉，「聯合新聞網　國內要聞」（臺北：聯合報，2011.04.21）報導我國撞球名將吳珈慶本月初已放棄中華民國籍，拿中國大陸國民身分證，成爲史上首位放棄我國籍，轉入大陸體壇的運動員。2011/4/22 上網。

〔註 29〕 顧忠華，〈二十一世紀非營利與非政府組織的全球化〉，收入吳英明、林德昌，《非政府組織》（臺北：商鼎文化，2001 年），頁 12。

費合作社便限制非社員的交易行為。雖然也有勞動與生產等合作社的目的是服務社員對外提供勞務，卻有許多的層面不如現行「人民團體法」的範圍廣泛。

「合作社法」的優點是直接規範「合作社」為「法人」，不像現在「社會團體」需先經過社會行政機關登記後，還要依「民法」去地方法院花錢登記為「法人」，才是完整的「社團法人」身分，這是 1980 年中華民國正式實施審檢分立制度以後，法規沒有配合修改，造成人民團體困惑與麻煩，是「不便民」的又一本位主義案例。

1.國內「社會團體」與「社團法人」的法律定位之發展

這個問題著實困擾了許多的民間社團，因為在理論、實務與中華民國行政與司法機構分權歷史上，有些令人想像不到的複雜層面。例如，1982 年以前，各種依據「非常時期人民團體組織法」登記的社會團體，皆為「公益社團法人」，這是依內政部 68.3.22 臺內社字第 10978 號函釋的結果。當時「社會團體」取得法人資格手續非常簡便，因為依照內政部 39.6.22 臺內社字第 2135 號代電解釋，係因「關於人民團體主管法人成立手續，在非常時期人民團體組織法未修正以前，由各級人民團體主管官署將核准立案之人民團體，造具簡冊，送同級法院備查，毋庸由各該團體再向法院登記，商准司法行政部 39.6.14 臺公參字第 158 號函復同意」之規定辦理。社會團體依此方式取得法人資格在法院實務、土地登記案例及稅法上均予承認。〔註30〕

1980 年中華民國正式實施審檢分立制度，原隸屬司法行政部之高等法院以下各級法院及分院改隸司法院，法人登記業務已與行政權分離，於是司法院依民法規定「法人非經向主管機關（指法院）登記不得成立」，認為由社政單位送人民團體簡冊，送法院之登記程序有所欠缺，因此司法院秘書長於 1982 年 7 月 8 日邀集有關單位會商，從此人民團體的「法人」資格取得，又增加了地方法院一道比社會行政機關要求更繁瑣資料的登記手續。此舉，不只增加社會團體的工作量，還要社會團體得來不易的財源，花費許多「聲請費」〔註31〕，從這裡見證中華民國司法院單位的本位主義，與它向來不得臺

〔註30〕鄭文義，《公益團體的設立與經營》，頁 25～26。

〔註31〕凡登記、屆滿改選、未屆滿改變理監事、或章程、主事務所、財產等改變、或申請謄本等 13 項業務從新臺幣 1000、500、200 等費用不一而足之聲請費，讓人感覺這是政府在剝削社團，（社政機關則免費）http://ksd.judicial. gov.tw/ksdid/ksdid_2.pdf，2011/3/28。

灣人民信任的傳統官箴風評外，又增加一件具體困擾人民結社自由權的事例，因為司法機關的登記，除了形式上的改變登記作業之外，平時根本不管團體的會務是否正常運作，絕對不會因為團體前往地方法院登記法人手續後，便能增加團體的公信力。是故，曾任大法官的管歐，對此舉造成現在一個法人社會團體，要接受三種主管機關（社會行政、目的事業主管、法院）之指揮監督，便有「統一事權，簡化程序必要」的發言。〔註32〕

2. 現代政府行政管理機關應該統一事權

一個有效率的政府與民主社會的結社人權，應該要受到保障，而不是層層疊疊的行政關卡來管制人民自由，甚至是為難團體的「法人」權力行使，才是正常的現象。但是觀察解嚴以來的行政官僚體系，其對應公民社會的需要，實在還有許多進步的空間，例如成立於1930年的臺灣科學振興會，在光復後登記為全臺灣第一個學術性社團體的單位，經歷80年，至今尚未前往地方法院補登記為「社團法人」，依照鄭文義說法，它已經「似可視為非法人團體」。〔註33〕但是老前輩都認為自己的團體早通過了社會行政機關核准，登記為合法團體，已經符合於稅法的優惠規定，本來就是「社團法人」了。筆者相信前輩的認知沒有錯誤，錯誤的是中華民國政府機構間的本位主義，令人啼笑皆非的登記結果——以後到法院要稱自己為「社團法人○○會」，而到社會行政單位時，要自稱「○○會」，因為社政單位在前面核准的名冊名字中，本來就沒有冠上「社團法人」的字樣，所以造成社團自我姓名認知的錯亂。

司法院1982年公布「社團法人登記注意事項」，經過6年，依照《中華民國臺灣地區各級人民團體調查報告》〔註34〕統計結果，辦理法人登記情況並不理想，團體中除特別法規定為法人者，不必到法院登記（例如合作社）佔百分之30.68，需要登記的百分之69.32團體中，僅有百分之12.95到法院辦理登記，其他百分之56.36，佔半數以上是未辦登記者。此種現象，突顯臺

〔註32〕鄭文義，《公益團體的設立與經營》，頁189。

〔註33〕鄭文義，《公益團體的設立與經營》，頁26～27。因內政部71.10.14臺內社字第115798號函地方政府「嗣後各級社政主管機關核准人民團體成立時，除特別法另有規定外，應轉知該團體依法逕向地方法院辦理法人登記，至已設立之團體，應視實際情形於適當時機轉知向法院補辦法人登記，以使法人地位完整」。

〔註34〕內政部統計處，《中華民國臺灣地區各級人民團體調查報告》，1989年，頁6。

灣人對法院的信任與支持印象，但也造成社團以後的業務發展困難，例如：
公部門的計畫招標對象，其條件之一可能是「社團法人」，那麼方案設計人的
原本想法，到底是指 1982 年後，經過社政、目的事業與法院三層許可的對
象，或指 1982 年前只要向社政、目的事業兩單位許可的立案團體呢？此舉便
影響了半數以上團體的社會服務機會，也限制公務員自己業務招標來源與執
行計畫的機會。

　　「社會團體」在保守而本位的司法單位內，沒有再經過它們登記「聲請」
的繳費程序，就沒有「法人」資格，也就沒有上法院去「打官司」的權力。
筆者以爲這種對待「社會團體」或「非營利組織」的政府管理機制，就是專
制體制下，用來爲難人民結社自由權的官僚思考與措施，並沒有在解嚴後的
時空環境，還有它的正當性。

（二）新時代「非營利組織」或「社會團體」特別法的規範要項

　　不管是「合作社」組織或未來可以被重視的「非營利組織」附設「社會
企業」，都可以防止社會財富分配懸殊化，也就是說會減少一些富豪的產生，
讓臺灣貧富差距縮小，減少財團形成跨國企業的「債留臺灣」現象，政府無
需「戒急用忍」，自然沒有爲了營利，而去發展他國經濟，連帶拖累本國經濟
的發展顧慮。

1. 規範「非營利」的內涵界定

　　現行「章程草案參考範例」，基本上被社會行政人員僵化的「非營利」觀
念所束縛，至於「營利」與「非營利」的內涵如何？是否應該要定義爲「不
能比照公司企業分配盈餘」，或者一如合作社法實行細則，有更詳細的說明。
否則一涉及收費事項，便有營利的嫌疑，而令社會行政管理人員與非營利團
體雙方都產生困擾。

2.「社會企業」應該比照營利性「公司」納營業稅

　　未來帶有「社會企業」功能的非營利組織，則應比照勞動合作社提供含
營業稅的「發票」，如此與其他提供勞務服務的商業公司，基於公平的競爭基
礎，必然不會引起業界反彈。對政府稅收也不影響。也由於它不是社員出資
的合作社，所以沒有股息問題，也沒有人可以因爲多出資本而獲得暴利。

3. 不能分配盈餘給成員

鄭文義以爲：「公益法人縱有營利行爲，如未分配所得予成員，乃不失爲

公益法人。」又「只要能把握不將盈餘分配給個人或變相給予特定人利益之原則即可，……社會團體以服務取得會員或社會之人力、物力及財力支持是可行的。」〔註35〕故非營利團體絕對不能分配盈餘、紅利等行爲，以獲得社會大眾的支持（包括捐助資金或融資）。

（三）筆者體驗政府部門對非營利組織的輔導態度不一

1. 勞委會

筆者觀察政府已經在勞委會「多元就業方案」計畫下，嘗試建立多元的產業政策，以增加就業率，並且歷年來逐步修正，提供給非營利組織許多的社會企業建立機會。

2. 合作行政單位

筆者接觸合作行政主管單位有 20 年經驗，發現以前省級「合作事業管理處」的官員最爲平易近人，其中令人懷念的官員如吳國章組長，最具長者風範，猶記得他爲了協助筆者學校，承辦年度省級單位的合作教育觀摩會，負責溝通協調當時不同政黨執政的臺北縣政府，可謂歷經千辛萬苦，這種兢兢業業的公僕精神，眞是值得表揚。

3. 社會行政單位

誠如李艾佳所言，通常組織被套上「非營利」的帽子，傳統的刻板印象就是——非營利組織最好不要從事商業行爲。〔註36〕人民團體的主管單位是保守的——例如各級政府社政單位的「章程草案參考範例」，就在「第二條——本會爲依法設立、非以營利爲目的之社會團體，以○○○爲宗旨。」綁死團體的社會企業經營，甚至承辦人一看有營利行爲的嫌疑，馬上就打回票，例如筆者的一群原住民攤販友人，想到臺北縣政府登記爲協會，以便利參加公私部門的活動招標工作，就被拒絕而無所適從。官僚應該要輔導弱勢人民組織團體，例如指導它修正必要條文內容，或指導它研究往合作社事業方向設計，這種正視民間疾苦的官員，才是眞正民主政治的「公僕」。

政府部門本來就是全國最大的一種非營利事業，公部門的公務員可以安穩養家活口，其他小的非營利團體，在提供公眾服務前提下，是否除了傳統

〔註35〕鄭文義，《社會及工商團體研究論集》，頁 209～210。
〔註36〕李艾佳，〈第三部門發展新趨勢：非營利組織產業化〉，《新世紀智庫論壇》第 22 期，頁 86。

上使用大量的志工外，允許讓專職從業人員，得以從非營利組織支薪的機會，就像公務員一樣沒有「股息」與「盈餘紅利」。如此，不只解決失業率問題，也將有助於社會非營利的倫理精神建設，社政單位最需要將心比心協助人民團體的發展。

4.稅捐單位

本來參加公益團體的志願工作，就沒有酬勞或很少的津貼，許多小團體在沒錢聘任專職會計，或送會計事務所作帳情況下，率由外行義工兼任，非常需要稅捐單位輔導講習簡單會計技巧，否則大家為了公益，一不小心又犯下稅法之罪過，實在是會令人感覺沮喪與多管閒事的懊惱。

例如「荒野保護協會」辦理環境教育活動收費，沒有人會懷疑這是營利性行為，大家都知道這個團體有大量義工在幫忙，也需要有專職人員調度的輔助系統，否則沒辦法穩定從事有效率的計畫性工作。然則「荒野保護協會」辦理環境教育活動收費，都開立「統一發票」，好像把自己當營利事業一般，筆者以為這是可以用「捐款」名目，來辦理的會計科目，稅捐單位是否應該輔導非營利組織，讓大家知道何種情況要給「統一發票」，而不是聽任各自為政，好讓大家安心。

三、小結：非營利組織精神對臺灣社會發展之重要性

資本主義形成功利的價值取向，社會也只有從非營利事業發展，才得以導正「唯利是圖」風氣，並解決部份失業的問題，尤其非營利組織的「社會團體」，若是從事相關社會企業，必須與社會或社區結合，它就不可能與其他商業資本家一樣——在資金累積雄厚後，前往國外繼續投資營利，甚至債留臺灣，是故政府如何協助公益團體依法、合法經營社會企業，是政府與民間「伙伴關係」的新焦點。

米歇爾・阿爾貝認同 19 世紀法國托克維爾（Alexis de Tocqueville）對美國的觀察——「處處遍佈體育性、職業性行會和慈善性社團組織，它們生機勃勃又富於獨創，影響力很大，標誌著美國社會公益精神和公民意識的水準非常高。」〔註 37〕認為美國曾是一個年輕的資本主義共和國，一個建立在新教倫理價值的國家。社會提倡個人進取，美元無處不在的物質主義，同時美

〔註 37〕米歇爾・阿爾貝（Michel Albert）著，莊武英譯，《兩種資本主義之戰》，頁 21。

國也恪守一套價值體系。美國人一手握著美鈔，另一手卻托著《聖經》和《憲法》，宗教感和公益精神瀰漫全社會，法律比歐洲有著更莊嚴的意義，傳統道德絕非一紙空文，加上異常活躍的各種協會組織對於緩和社會衝突起了作用。儘管美國社會存在著根本性質的衝突，但都奇妙地達到了平衡、中和。然而美國在 1980 年雷根政府的新資本主義之後，平衡被打破了，金錢萬能失去了制約，損害了整個社會道德，華爾街充斥各類舞弊行為，職業道德淪喪——只要能賺錢，甚麼都做得出來。〔註38〕

阿爾貝的觀察，驗證涂爾幹的《社會分工論》，所主張「法人團體對於未來要發揮更強大與複雜的作用，新的法人團體，還沒有形成的話，那麼社會就會產生無法解決的新困難。」現在的美國社會中，社團活動已大大衰弱，但是擔任志工者仍然比較其他國家普遍，從 1980 年起，成人人口中，參與志工的比例，一直維持在百分之五十以上。每週提供平均 3.5 小時志願服務，創造了大約每年 158 億小時的工作力，以及平均約 930 萬個工作機會。〔註39〕

臺灣社會與美國社會一般，存在著根本性質的政治意識形態衝突，如何利用「社會資本」的力量，來緩和社會衝突，並進一步為臺灣形塑一股清新的朝氣，是非常值得臺灣人深思的。國內擔任志工的比例雖不如美國，但已從早期慈善事業的行徑，逐漸朝向制度化與法治化。2001 年「志願服務法」公佈，最重要是要帶給實際從事者的助力和鼓舞。一方面提升民眾意願，一方面加強安全保障，增進服務水準，其強調志願性與公益性（利他精神），則是公民參與的重要基礎。

近來臺灣發生比大陸三聚氰胺奶粉更毒的塑化劑 DEHP，〔註40〕摻到起雲劑配方中，造成這次舉世矚目的塑化劑風暴，其根本原因是資本主義，追求功利的必然後果——職業道德淪喪，只要能賺錢，甚麼都做得出來。這同時也是人性已經異化的現象，如何救濟這種唯利是圖的趨勢，恐怕非營利組織的「利他性」精神，才足以平衡這種社會與經濟的問題。

〔註38〕米歇爾·阿爾貝（Michel Albert）著，莊武英譯，《兩種資本主義之戰》，頁
60～61。
〔註39〕陳定銘，《非營利組織、政府與社會企業：理論與實踐》，頁 273～274。
〔註40〕林思慧，〈環保署將嚴格控管塑化劑 DEHP 升為第一類〉（臺北：NOWnews
今 日 新 聞， 2011-06-02 21:02 ） http://news.sina.com.tw/article/20110602/
4454817.html，2011/6/6。

第六章 結 論

一、日治時期臺灣現代非營利組織的誕生

　　1921 年臺灣島內正式成立「臺灣文化協會」，並開始自主性地發行刊物，推行文化與社會革新運動，這才是臺灣現代民間社團明確誕生的時刻，也是臺灣文藝復興運動的開始。日本總督府針對社會運動團體的掌握，主要以負責思想檢查的「高等警察」來負責，「治安警察法」是日本政府用來限制臺人思想與民間團體的工具，這一段時間，日本政府對於當時臺灣人的集會多所控制，目的無非是不讓臺灣人脫離「工具」的性格，而合作社的保護政策是為了剝削者能夠繼續剝削臺灣人的手段，好像賺錢的工具需要基本保養一般，並非慈善的義舉或德政。

　　臺灣 80 年來人民團體的治理，基本上都由政府強烈干預，包括日治殖民地時期與國民黨政府的戒嚴時期，雖然 1987 年解嚴後，國民黨政府公布了新的人民團體法，可是就如同顧忠華所言：「臺灣由於受到長期戒嚴的影響，民眾對參與公共事務普遍冷漠，過去更缺乏自發性地組織社團的機會，相對地在「結社革命」的時程上，較全球的腳步慢了許多。」

二、統計臺灣現代非營利組織的變化與價值特色

　　統計臺灣人口成長與營利性團體數量，及其與非營利性的社會團體成長數量比較，發現營利性團體的數量依照產業人口的變化，從事商業營利團體者越來越多，因此由 1960 年的 1.7482%，而至 2000 年的 5.82891%，循序漸進，至於 2009 年略為下降，是否因為海峽兩岸開放關係，無法進一步研究。而非營利性團體的比例，以 1950 年由 0.0001650% 開始，與人口成正比發

展，唯 1970 年前可能因人口迅速增加及白色恐怕影響結社意願，比例退步外，餘均遞增，尤其解嚴後爲 0.0011439%，而政黨輪替後 0.0019297%，更爲明顯。

　　至於筆者最期待的比較數據，是好營利者爲好非營利者的倍數關係，比較起來 1960 年好營利者爲好非營利者的 4,364 倍，1970 年爲 5,171 倍，1980 年爲 8,449 倍，1990 年爲 7,167 倍，直到至 2000 年，始降爲 5,096 倍，2008 年又降爲 2,986 倍，筆者這種類比的推算，雖然沒有嚴格的經濟學理依據，但是這種好營利者爲好非營利者的倍數數據，已告訴了我們，爲何 2011 年能夠「反國光」訴求成功——得以影響政府決策，其數據的象徵意義，已顯露答案。尤其從表 2-3-3-2 中，非營利的社會團體大量增加，見證臺灣政治民主進化狀況。

　　終戰後合作社也歷經政策上的浩劫與合作人積極的復興運動，據陳岩松統計 1949 年 7 月前，臺灣鄉鎮合作社未併吞於農會前有 756 單位社，社員 913,417 人；1949 年 8 月吞併後僅剩 385 單位，社員剩 337,938 人。倖留之合作社，除信用社與青果社外，多在終戰後設立，尚無事業基礎，臺灣合作運動，頓陷彌留狀態，實爲空前浩劫也。所幸後來在這群合作主義者努力之下，經產、官、學三方努力，又慢慢地恢復了合作事業的榮景。

　　解嚴以後，社團開始出現對「臺灣」的偏愛，例如全國級教師人權促進會，在 1987 年剛剛解嚴時申請，便因主管的內政部無法接受「臺灣」的抬頭，所以在不願意妥協情況下，就產生了一個沒有地區抬頭的「教師人權促進會」組織，「主婦聯盟環境保護基金會」也有如此傾向。這算是臺灣社團管理民主化過程的痕跡。而今政黨輪替後，政治更加民主，從這 60 年來的社團命名「自主性」轉變痕跡，就是民主化過程的見證。

三、臺灣科學振興會是現代性非營利組織的活化石

　　臺灣科學振興會在 1930 年時，以「臺灣理工學會」的名稱創立，其實就是採用了岡本要八郎與同好創立的「臺灣博物學會」及「日本學術協會」兩會的模式，其組織宗旨，是爲了努力想要使臺灣在自然科學方面能夠發達。在日治時期，該會與其他日本人組織成立時間比較，並不是最早的學術團體，然而卻是純粹由臺灣人科學家，爲臺人尊嚴而自動自發、自主自立組織的團體，可以說是最早具有本土意識的科學團體。

　　臺灣科學振興會前身「臺灣理工學會」的籌組意義，不只在該時代具有明顯的「臺灣意識」，更在提昇「眞、善、美」的臺灣人精神內涵。透過日本的仲介，他們與歐美科學界得以間接或直接取得國際化的連結。

　　早期臺灣科學振興會「主要元老會員」的精神包括(1)「誠實」的個人修爲與「求眞」的科學研究精神；(2)奮發向上的自我實踐精神；(3)經世濟用的公僕服務精神，實在是現今臺灣個人修爲或公務員工作倫理的最好榜樣，它們不只是曾經「實然」的存在，也是今後「應然」的存在精神，否則沒有更加「誠實」、「求眞」、「奮鬥不懈的自我實踐」與「經世濟用的公僕服務」精神的挹注，臺灣如何能開創一個更有品格形象與競爭力的政治、經濟、社會、文化環境，以適應於國際的未來競爭呢？

四、臺灣主婦聯盟合作社是後現代性精神的非營利組織

　　英國首相葛拉史東曾說「合作社是十九世紀最偉大的發明」，實在是對合作社針砭當時資本主義缺失，給予懇切的評價。而環視今日國內經濟環境的自由化，更加急速資本集中與財富分配兩極發展，相對於合作主義市場的萎縮——信用合作社改爲銀行、全國消費合作社聯合社改爲公司……，貧富差距越來越懸殊，功利風氣與個人主義盛行，治安也每下愈況。則合作社強調人本精神與社會公益的多元價值特色，正是值得臺灣再次推舉爲二十一世紀的救世良藥。

　　臺灣主婦聯盟生活消費合作社係由主婦聯盟環境保護基金會發展而來，所以要正確介紹這個合作社，就要先了解這個「母體」的組織——1987年初，一群主婦有感於社會型態的急遽變遷，身爲社會的一份子，不能再坐視生活週遭的種種環境病態、教育缺失。於是他們以「勇於開口，敏於行動，樂於承擔」自許，決心從自己做起，來改善環境，提昇生活素質，「主婦聯盟」於焉誕生。

　　1989年，主婦聯盟正式立案，成立「財團法人主婦聯盟環境保護基金會」。它的宗旨——結合婦女力量，關懷社會，促進兩性和諧，改善生活環境，提昇生活品質。其間基金會的活動也包括環境保護、生態學習、教育改革、婦女成長到「綠色消費」等議題。1992年其「消費品質委員會」開始規劃結合環境與生產的消費模式，以日本「共同購買（按：臺灣的消費合作社）」運動號召參與，開創結合都會地區食物消費與本地農村生產的新合作經

濟運動。

主婦聯盟合作社後現代性的時代特色歸納爲：（一）強調消費者的主體性
及健康、環保的生活必須品；（二）協助弱勢族群與環境議題；（三）挑戰傳
統消費者與生產者關係的組織；（四）挑戰資本主義營利企業爲社會企業；
（五）改善資本主義貧富懸殊現象；（六）增進公民社會功能的落實，是現代
性資本主義缺失的改善策略，是故急速吸引中上經濟與學歷之主婦參加，近
年來每年超過 3,000 人以上入社，見證其魅力所在，尤其在每次黑心食品風暴
之後，更是增加許多社員。

筆者因爲經歷該社核心幹部，深刻以爲主婦聯盟合作社的業務，已經到
了後現代精神的地步，無庸置疑。而會務的民主管理上，從「公司」轉型「合
作社」，在形式上，應該也算是批判現代資本主義的後現代主義精神。然而舊
幹部靈魂裡，則仍然留戀著「公司」的權力傳統，難以轉型。這或者是因臺
灣眞正實施民主政治的環境與時間還太短，以致「權力分立」的民主素養不
足，因而可謂該社還有許多進步的空間！

五、臺灣非營利組織中主婦聯盟合作社的財務優越性

近年來，國內外非營利組織的財務狀況，在公部門補助的額度愈來愈少，
以及私人捐款也逐漸下降的情況，非營利組織必須正視可能產生的財務危
機。於是有些非營利組織開始在服務提供上，加入了營利組織的商業行爲，
利用營利組織裡的企業管理行爲來維持組織的獨立運作。因此這類型混合非
營利組織與營利組織特性的綜合體的組織被稱爲社會企業。

舉臺灣科學振興會的財務爲例，1910 年的決算數，年收入總共爲新臺幣
483,068 元，扣除年度支出後，只剩下新臺幣 9,108 元列入累計結餘。該會因
爲沒有聘任專職人員，所以無需人事負擔，如果詢問其他有專職人員組織，
則年度決算呈現虧損者，絕非特例，這便是 2003 年統計中 76%以上團體，在
運作上有困難的癥結所在，筆者相信 2010 年若內政部有相關統計，其困難度
將與近幾年來的經濟狀況成正比。

反觀主婦聯盟合作社的財務優勢，其在 2008 年的決算案中，營業額爲新
臺幣 665,686,846 元，該年度結餘爲新臺幣 21,894,239 元，爲營業額的 3.29%，
除扣除股息 1%外，尚可依法分配結餘，其中「法定公積金」、「公益金」、「理
事、職員酬勞金」各 10%，「特別公積金」20%，「社員交易分配金」50%，也

就是說該年有「公益金」新臺幣 2,109,731 元，是可以進行各種公益活動之用。由此，可知前述非營利團體的困難，在合作社這個兼顧社會與經濟的團體，是有克服的方法，這就是筆者肯定它的永續性價值。

六、臺灣非營利組織另立特別法與社會企業化的需求

　　非營利組織的財務不具自主性會影響其業務獨立性，例如國內目前非營利組織無特別法源，據以兼營「社會企業」的狀況，捐款來源的單位——金主的意識，是很容易左右團體的經營方向，非營利組織甚至墮落為特權的「白手套」地步。例如原臺北縣議員發生「議員補助款回扣弊案」，便是業者勾結民間團體，向縣府浮報統籌分配款和建設補助款，從中抽取 3 到 7 成回扣給涉案議員。

　　筆者以為：不管新法稱「公益社團法」、「社會團體法」，或者稱為「非營利組織法」，皆應比照「合作社法」立為「特別法」，其理由，除了上述「多頭馬車」困擾之外，另外最大緣由，則為「非營利組織企業化」之時代潮流，用以解決「財務自主」的困境，使得非營利組織能夠發揮「社會資本」與「公民社會」的功能。

　　資本主義形成功利的價值取向，社會也只有從非營利事業發展，才得以導正「唯利是圖」風氣，並解決部份失業的問題，尤其非營利組織的「社會團體」，若是從事相關社會企業，必須與社會或社區結合，它就不可能與其他商業資本家一樣——在資金累積雄厚後，前往國外繼續投資營利，甚至債留臺灣，是故政府如何協助公益團體經營社會企業，是政府與民間「伙伴關係」的新焦點。

七、臺灣需要非營利組織精神面對歷史的挑戰

　　因此，在臺灣現代化資本主義與市場價值趨勢，已導致臺灣成為一個 M 型社會，其中、下經濟弱者的「痛苦指數」越來越高，後現代主義反省的機制，應該出現新的價值取向，非營利組織精神正可以彌補此一需求。

　　歷史提供了一個管道使我們能夠擺脫私我或小我，進入大公無私的心靈狀態。學習並瞭解歷史的重要課題，就是去了解人類的生命力。唯有憑藉對歷史的保存，才能永遠留住日見消逝的事物，從而也讓後人代代相傳，維繫它們的光輝。歷史的最高價值在於人類的自我認識；歷史之終極是為了讓人挖掘拓深人自身之存在意義。

參考書目

一、史　料

1. 主婦聯盟合作社，〈第 4 次社務會議紀錄〉，2007 年 7 月 26 日上午。

2. 臺灣科學振興會，〈本會第二屆第四次理監事聯席會議紀錄〉，《臺灣科學》第 5 卷第 1／2 合併號，臺北：該會，1951 年。

3. 〈本會 60 週年鑽石會慶受獎人排行榜〉，《臺灣科學》第 43 卷合併號。

4. 〈會務報告〉，〈臺北廣播電臺科學講座〉，《臺灣科學》第 1 卷，1947 年。

5. 〈總務報告〉，《臺灣科學》第 13 卷第 1 期，1959 年。

6. 《臺灣日日新報》日文版分別在 1930 年 10 月 11 及 12 日。

7. 《臺灣日日新報》漢文版 1930 年 10 月 12 日。

8. 《臺灣民報》1927 年（昭和 2 年）2 月 20 日。

9. 主婦聯盟合作社秘書室，《臺灣主婦聯盟生活消費合作社第三屆社員代表 2009 年常年大會手冊》，臺北：該社，2009/3/1。

10. 主婦聯盟合作社 2007 年 7 月 26 日上午，第 4 次社務會議紀錄。

11. 內政部 94 年 10 月 14 日內授中社字第 0940720178 號函。

12. 國史館臺灣文獻館，檔案 000111460230239～000111460230242 號。

13. 黃旺成（筆名菊仙），〈後藤新平治臺三策〉，《臺灣民報》1927 年（昭和 2 年）2 月 20 日，第 145 號，14 版。

14. 潘中鼎，《源遠流長談合作劇本》（臺北：內政部社會司，無詳細發行時間，時司長為蔡漢賢），頁 6。

二、官方公報、統計資料及要覽

1. 內政部，《內政統計提要》（臺北：內政部，1963～1980 年）。

2. 內政部，《內政統計年報》（臺北：內政部，1994～2009 年）。

3. 內政部，《社政年報》（臺北：內政部，2001 年）。

4. 內政部統計處，《中華民國臺灣地區各級人民團體調查報告》（臺北：該部，1989 年）。

5. 內政部統計處，《中華民國臺灣地區各級人民團體調查報告》（臺北：該部，1997 年）。

6. 內政部統計處，《中華民國臺灣地區各級人民團體調查報告》（臺北：該部，2004 年）。

7. 內政部社會司，《合作法令、解釋彙編》（臺北：該司，1997 年）。

8. 經濟部部，《經濟統計年報》（臺北：經濟部，1987～1996 年）。

9. 臺灣總督府，《臺灣產業組合要覽》（臺北：臺灣總都府，歷年）。

10. 臺灣總督府，《第二十八次臺灣產業組合要覽》（臺北：臺灣總督府，1942 年）。

三、專 著

（一）中文專書

1. 王正雄，《中縣開拓史學術研討會論文集》，臺中：臺中縣立文化中心，1994 年。

2. 王晴佳、古偉瀛，《後現代與歷史學》，臺北：巨流，2000 年。

3. 中華民國合作事業協會編印，《中華民國 87 年合作事業統計年報》，臺北：該會，1998 年。

4. 中華民國儲蓄互助協會，《公元二千年的合作社》，臺中：該會，1985 年。

5. 中華民國合作學社，《世界變遷下的合作社基本價值》，臺北：該會，2003 年。

6. 中國合作事業協會，《五十年來的中國合作事業協會》，臺北：該會出版，1992 年。

7. 世臺會，《型塑臺灣人的精神》，臺北：前衛出版社，2008 年。

8. 尹樹生，《合作經濟概要》，臺北：三民，1980 年。

9. 尹樹生，《各國合作制度》，臺北：國立編譯館，1979 年。

10. 朱元發，《涂爾幹社會學引論》，臺北：遠流，1993 年。

11. 朱江淮口述，朱瑞墉整理，《朱江淮回憶錄》，朱江淮文教基金會出版，2003 年。

12. 朱元發，《涂爾幹社會學引論》，臺北：遠流出版，1993 年。

13. 伍至學，《人性與符號形式——卡西勒《人論》解讀》，臺北：臺灣書店，1998 年。

14. 杜淑純口述，曾秋美、尤美琪訪問整理，《杜聰明與我——杜淑純女士訪談錄》，臺北：國史館，2006 年。

15. 杜淑純編，《杜聰明【寶墨　漢詩】紀念輯》，臺北：杜淑純出版，2008 年。

16. 杜維運，《史學方法論》，臺北：杜維運出版，三民書局總經銷，1987 年。

17. 杜聰明，《回憶錄》上、下冊，臺北：龍文出版社，1989 年。

18. 杜聰明，《回憶錄》，臺北：杜聰明博士獎學基金管理委員會出版，1973 年。

19. 杜聰明，《杜聰明言論集（第 1 輯）》，臺北：杜聰明博士還曆紀念獎學基金管理委員會發行，1955 年。

20. 杜聰明，《杜聰明言論集（第 2 輯）》，臺北：杜聰明博士獎學基金管理委員會發行，1964 年。

21. 杜聰明，《杜聰明言論集（第 4 輯）》，臺北：杜聰明博士獎學金管理委員會發行，1977 年。

22. 杜淑純，《杜聰明【寶墨　漢詩】紀念輯》，臺北：杜淑純出版，2008 年。

23. 李錫勛，《合作社法論》，臺北：三民，1982 年。

24. 李世傑，《臺灣共和國臨時政府大統領廖文毅投降始末》，臺北：自由時代出版社，1988 年。

25. 李永志，《臺灣科學振興會八十年會史——兼論杜聰明歷史地位》，臺北：該會出版，2011 年 5 月。

26. 李永志主編，《94 年臺灣主婦聯盟生活消費合作社法規彙編》，〈簡介〉，臺北：臺灣主婦聯盟生活消費合作社，2005 年。

27. 李建權，《日本精神》，北京：新華出版社，2007 年。

28. 李筱峰，《二二八消失的臺灣菁英》，臺北：自立晚報社，1991 年。

29. 李瓊月，《臺灣醫界大師——李鎮源》，臺北：玉山社出版公司，1995 年。

30. 沈清松，《臺灣精神與文化發展》，臺北：臺灣商務，2001 年。

31. 官有垣，《臺灣的基金會——在社會變遷下的發展》，臺北：洪健全基金會，2003 年。

32. 官有垣，《非營利組織與社會福利——臺灣本土的個案分析》，臺北：亞太圖書，2000 年。

33. 林呈蓉，《近代國家的摸索與覺醒──日本與臺灣文明開化的進程》，臺北：財團法人吳三連臺灣史料基金會，2005 年。

34. 林照眞，《臺灣科學社群 40 年風雲──記錄六、七○年代理工知識份子與科學月刊》，新竹：國立交通大學出版社，2010 年。

35. 周婉窈，《海行兮的年代──日本殖民統治末期臺灣史論集》，臺北：允晨文化公司，2004 年。

36. 吳英明、林德昌主編，《非政府組織》，臺北市，商鼎文化，2001 年。

37. 吳密察，《臺灣近代史研究》，臺北：稻香出版社，2001 年。

38. 莊永明，《臺灣第一》，臺北：時報文化，1995 年。

39. 莊永明，《臺灣醫療史》，臺北：遠流，1998 年。

40. 莊耀嘉，《馬斯洛──人本心理學之父》，臺北：桂冠圖書公司，1993 年。

41. 高宣揚，《論後現代藝術的「不確定性」》，臺北：唐山，1996 年。

42. 陳昌、蔡坤年、彭永康，《歷史 A》，臺北：龍騰文化，2009 年。

43. 陳定銘，《非營利組織、政府與社會企業：理論與實踐》，臺北：智勝文化，2007 年。

44. 陳武雄，《人民團體經營管理》，臺北：揚智文化事業，2003 年。

45. 陳秉璋，《實證社會學先鋒──涂爾幹》，臺北：允晨文化，1982 年。

46. 陳岩松，《中華合作事業發展史》上、下冊，臺北：臺灣商務，1983 年。

47. 陳炎正，《臺中縣岸裡社開發史》，臺中：臺中縣立文化中心，1986 年。

48. 陳惠邦，《教育行動研究》，臺北：師大書苑，1998 年。

49. 葉炳輝、許成章，《南天的十子星──杜聰明博士傳》，高雄：新民書局，1960 年。

50. 葉榮鐘，《日據下臺灣政治社會運動史》，臺北：五南圖書，2000 年。

51. 郭博文，《社會哲學的興起》，臺北：允晨文化，2000 年。

52. 湯俊湘，《合作經濟論著》，臺北：文笙，1976 年。

53. 第六屆中華民國史專題討論會秘書處，《20 世紀臺灣歷史與人物──第六屆中華民國史專題論文集》，臺北：國史館，2002 年。

54. 財團法人臺灣合作事業發展基金會，《合作社理監事手冊》，臺中：該會，2002 年。

55. 財團法人臺灣合作事業發展基金會，《合作社的組織》，臺中：該會，2005 年。

56. 黃文雄，《日本留給臺灣的精神文化遺產》，臺北：前衛出版社，2008 年。

57. 黃俊傑，《臺灣意識與臺灣文化》，臺北：正中書局，2000 年。

58. 黃秀政、張勝彥、吳文星，《臺灣史》，臺北：五南圖書，2002 年。

59. 辜鴻銘，《中國人的精神》，臺北：稻田出版，1999 年。

60. 張泰祥，《中華民國五十年來民眾團體》，臺北：中華民國民眾團體活動中心，1961 年。

61. 張國清，《後現代情境》，臺北：智揚文化，2000 年。

62. 曾敬吉，《辜顯榮傳奇》，臺北：前衛，1999 年。

63. 楊玉齡、羅時成著，《臺灣蛇毒傳奇——臺灣科學史上輝煌的一頁》，臺北：天下文化，1996 年。

64. 楊玉齡，《一代醫人杜聰明》，臺北：天下文化，2002 年。

65. 楊湘齡，《社會資本與民主政治：臺灣的案例研究》，臺北：淡江大學公共行政學系公共政策碩士班碩士論文，2007 年。

66. 趙荷生，《消費合作之原理與實務》，臺北：正中書局，1982 年。

67. 廖正宏、黃俊傑，《戰後臺灣農民價值取向的轉變》，臺北：聯經，1992 年。

68. 蔡源煌，《從浪漫主義到後現代主義》，臺北：雅典，1989 年。

69. 蔡漢賢，《民主組織與民主運作》，臺北：中華民國社區發展研究訓練中心，1992 年。

70. 臺北市立美術館，《後現代美學與生活》，臺北：該館，1996 年。

71. 臺灣省政府編，《臺灣省工商、自由職業、社會、勞工團體、財團法人社會福利基金會會務手冊》，南投：臺灣省政府，2000 年。

72. 臺灣省合作事業管理處，《臺灣省合作事業 50 年》，臺中：該處，1999 年。

73. 鄭文義，《社會及工商團體研究論集》，臺北：內政部編印，1987 年。

74. 鄭文義，《公益團體的設立與經營》，臺北：工商教育出版社，1989 年。

75. 鄭志敏，《杜聰明與臺灣醫療史之研究》，臺北：國立中國醫藥研究所，2005 年。

76. 劉進慶，《臺灣戰後經濟分析》，臺北：人間出版社，1992 年。

77. 潘偉華，〈主婦聯盟生活消費合作社實踐自治與自立的探討〉，《第八屆亞細亞姐妹會交流年會手冊》，臺北：主婦聯盟生活消費合作社，2008 年。

78. 賴建誠，《近代中國的合作經濟運動》，臺北：正中書局，1990 年。

79. 戴國煇，《臺灣結與中國結——罌丸理論與自立‧共生的構圖》，臺北：遠流公司，1994 年。

80. 羅秀華，《社區結盟本土實踐臺北經驗的再現》，輔仁大學發行，松慧公

司出版，2007年。

81. 警察沿革誌出版委員會編，王乃信等譯，《臺灣總督府警察沿革誌第二篇：領臺以後的治安狀況（中卷）》，又稱《臺灣社會運動史（1913～1936）》，臺北：創造，1989年。

（二）中文譯書

1. C. E. Black 著，郭正昭等譯，《現代化的動力：一個比較歷史的研究》，臺北：百傑，1978年。

2. Keith Jenkins 著江政寬譯，《後現代歷史學》，臺北：麥田，1999年。

3. 大嶋茂男著，孫炳焱翻譯，〈以消費合作社爲中心的生活改革〉，《合作經濟》第49期，臺北：中國合作學社，1994年。

4. 孔恩著，金吳倫、胡新和翻譯，《科學革命的結構》，北京：北京大學出版社，2000年。

5. 孔恩著，程樹德、傅大爲、王道還、錢永祥翻譯，《科學革命的結構》，臺北：遠流，2000年。

6. 矢內原忠雄著，林明德譯，《日本帝國主義下之臺灣》，臺北：吳三連臺灣史料基金會，2004年。

7. 矢內原忠雄著，周憲文譯，《日本帝國主義下之臺灣》，臺北：帕米爾出版，1985年。

8. 史望‧奧克‧貝克著，孫炳焱譯，《世界變遷下的合作社基本價值》，臺北：中華民國合作學社，2003年。

9. 吉田莊人著，形雲譯，《從人物看臺灣百年史》，臺北：武陵出版，1995年。

10. 米歇爾‧阿爾貝（Michel Albert）著，莊武英譯，《兩種資本主義之戰》，臺北：聯經，1995年。

11. 米爾‧涂爾幹（Emile Durkheim）著，渠東譯，《社會分工論》，臺北：左岸文化，2002年。

12. 李登輝原著，蕭志強譯，《「武士道」解題——做人的根本》，臺北：前衛出版社，2004年。

13. 季特（Charles Gide）著，吳克剛譯，《英國合作運動史》，臺北：中國合作學社，1990年。

14. 亞歷山大‧賴羅博士著，中華民國儲蓄互助協會譯，《公元二千年的合作社》，臺中：該會，1985年。

15. 馬斯洛原著，劉燁編譯，《馬斯洛的智慧》，臺北：正展出版公司，2006年。

16. 修馬克（E. F. Schumacher）著，李華夏譯，《小即是美——一本把人當回

事的經濟學著作》，臺北：立緒文化，2000 年。

17. 森丑之助原著，楊南郡譯註，《生蕃行腳》，臺北：遠流出版，2000 年。

18. 橫田克巳原著，翁秀綾編譯，《我是生活者——創造另一種可能性》，臺北：主婦聯盟環境保護基金會，1993 年。

（三）日文專書

1. 矢内原忠雄，《帝國主義下の臺灣》，東京：岩波書店，1929 年。

（四）英文專書

1. E. F. Schumache，《Small is beautiful: a study of economics as if people mattered》，London: Blond and Briggs, 1973。

（五）學位論文

1. 邱俊英，〈臺灣主婦聯盟生活消費合作社的組織變革——一個問題探索性研究〉，逢甲大學經營管理碩士在職專班碩士論文，2005 年。

2. 林素珍，〈我國社會團體設立與監督制度之研究〉，臺北：政治大學行政管理碩士學程碩士論文，2006 年。

3. 林昆輝，〈非營利組織形象與消費者入會動機關連性之研究——以臺灣主婦聯盟生活消費合作社為例〉，國立臺北大學合作經濟學系碩士論文，2006 年。

4. 吳沛璇，〈非營利組織教育政策參與之研究——以三個教育團體為例〉，臺北：淡江大學教育政策與領導研究所碩士班碩士論文，2006 年。

5. 李尚穎，〈臺灣總督府博物館之研究（1908～1935）〉，桃園：國立中央大學歷史研究所碩士論文，2005 年。

6. 曹永奇，〈社會企業的社會經濟運作之探討——以主婦聯盟生活消費合作社為例〉，國立中正大學社會福利所碩士論文，2006 年。

7. 張美姍，〈消費合作社平抑物價之研究——以主婦聯盟為例〉，逢甲大學經營管理碩士在職專班碩士論文，2008 年。

8. 葉書銘，〈組織文化、組織變革與工作滿意之研究——以臺灣主婦聯盟生活消費合作社為例〉，逢甲大學經濟學研究所碩士論文，2007 年。

9. 湯宗益，〈消費合作社社員購買意向與行為之研究——以臺灣主婦聯盟生活消費合作社臺中分社為例〉，逢甲大學合作經濟學所碩士論文，2008 年。

10. 楊湘齡，〈社會資本與民主政治：臺灣的案例研究〉，淡江大學公共行政學系公共政策碩士班碩士論文，臺北：該校，2007 年。

11. 蘇佳善，〈摘要〉，〈臺灣、中國大陸與香港公民社會發展之比較研究〉，臺北：淡江大學中國大陸研究所碩士在職專班碩士論文，2011 年。

四、期刊、雜誌、報紙

（一）期刊、雜誌、論文

1. 丁仁方，〈公民社會與民主政治的相互建構──日本與臺灣近年來組織性公民社會發展之比較〉，收入林文程《臺灣民主季刊》第 4 卷第 2 期（臺北：財團法人臺灣民主基金會，2007 年）。

2. 丁秋芳，〈健康、環保與消費合作社經營策略之研究──臺灣主婦聯盟生活消費合作社個案分析〉，《合作經濟》第 82 期，臺北：中國合作學社，2004 年。

3. 王世榕，〈如何營造對全球公民社會的影響力──臺灣參與全球公民社會的策略〉，收入吳英明、林德昌《非政府組織》，臺北：商鼎文化，2001 年。

4. 王永昌，〈合作社的價值〉，《合作發展》，臺中：臺灣省合作事業管理處，1994 年 3 月。

5. 王武昌，〈臺灣百年合作事業運動史的回顧與前瞻〉，收錄於《合作發展》第 228 期，臺中：省政府合作事業管理處，1998 年。

6. 王順美、江琇瑩、柯芸婷，〈臺灣綠色消費運動的參與分析──主婦聯盟共同購買為例〉，《師大學報：人文與社會科學類》第 45 期，臺北：該校，2000 年。

7. 尤昭和，〈涂爾幹社會分工論──個人與社會的關係及其思考面向之探討〉，《淡江史學》第 12 期，臺北：淡江大學，2001 年。

8. 朱江淮，〈回顧臺灣省科學振興會創立四十週年〉，《臺灣科學》第 24 卷第 1／2 期，臺北：臺灣省科學振興會，1970 年。

9. 朱江淮，〈回顧臺灣省科學振興會創立五十週年〉，《臺灣科學》第 34 卷，臺北：臺灣省科學振興會，1980 年。

10. 江政寬，〈權充導讀〉，收錄於 Keith Jenkins 著江政寬譯，《後現代歷史學》，臺北：麥田，1999 年。

11. 李淑珍，〈小民懷土：清代臺灣農民意識的變與不變〉，《臺北市立教育大學 2009 史地學術研討會論文集》（臺北：臺北市立教育大學，2009 年），第二篇。

12. 李艾佳，〈第三部門發展新趨勢：非營利組織產業化〉，《新世紀智庫論壇》第 22 期，臺北：財團法人臺灣新世紀文教基金會，2003 年。

13. 李永志，〈合作社是甚麼碗糕〉，《商工青年》第 13 期（臺北：淡水商工高級職業學校，1993 年）。

14. 李永志，〈學校如何正確辦理合作教育活動主題〉，收入於《淡水商工學報》第九集，（臺北：淡水商工高級職業學校，1996 年）。

15. 李永志，〈富豪蔡萬霖與學校合作社──談合作經濟教育〉，《教師人權》第 77 期（臺北：教師人權促進會，1996 年 10 月）。

16. 李永志，〈論校園倫理要角──合作社的橫向關懷功能〉，《合作發展》（臺中：臺灣合作事業管理處），1992 年 6 月號。

17. 李永志，〈試論「臺灣省科學振興會」的臺灣精神──以主要元老會員為論述中心〉，（臺北：淡江大學文學院三所論文發表會，2010 年），單篇論文。

18. 李桂秋、葉書銘，〈消費合作社組織文化與員工滿意度之研究──以臺灣主婦聯盟生活消費合作社為例〉（上篇），《合作經濟》第 97 期，臺北：中國合作學社，2008 年。（下篇），《合作經濟》第 98 期，2009 年 9 月。

19. 李慧津，〈有機農產品的把關者──主婦聯盟〉，《鄉間小路》第 28 卷第 8 期，臺北：豐年社，2002 年。

20. 杜聰明，〈慶祝臺灣省科學振興會創立滿 30 周年〉，《臺灣科學》第 14 卷第 4 期，1960 年。

21. 杜聰明，〈臺灣省科學振興會之重新改組及今後之事業計劃〉，《臺灣科學》第 4 卷，1950 年。

22. 杜聰明，〈臺灣省科學振興會之組織及事業〉，《臺灣科學》第 1 卷第 1 期，1947 年。

23. 杜聰明，〈臺灣省科學振興會第 28 次學術講演會致辭及介紹講演者岡本要八郎先生〉，日文版收錄於《杜聰明言論集（第一集）》，臺北：杜聰明博士還曆紀念獎學基金管理委員會，1955 年。

24. 杜聰明，〈山地衛生座談會致辭〉，收錄於《杜聰明言論集（第二輯）》，高雄：私立高雄醫學院，1964 年。

25. 杜聰明，〈慶祝臺灣省科學振興會創立滿 50 周年〉，《臺灣科學》第 34 卷第 3 / 4 合併號，臺北，1980 年 11 月。

26. 杜聰明，〈臺灣科學振興會開會致辭〉，收錄於《杜聰明言論集（第一集）》，臺北：杜聰明博士還曆紀念獎學基金管理委員會，1955 年。

27. 杜聰明，〈第 3 次歐美醫學教育考察旅行之見聞〉，收錄於《杜聰明言論集（第三輯）》，臺北：杜聰明博士獎學金管理委員會發行，1972 年。

28. 吳乃德、陳明通，〈政權轉移和菁英流動〉，收錄於賴澤涵主編《臺灣光復初期歷史》，臺北：中央研究院中山人文社會科學研究所專書（31）發行，1993 年。

29. 吳聰賢，〈現代化過程中農民性格之蛻變〉，收錄於李亦園／楊國樞主編，《中國人的性格》，臺北：桂冠，1988 年。

30. 吳國章，〈臺灣省消費合作社概況及努力方向〉，《合作發展》，臺中：臺灣省合作事業管理處，1994 年 2 月。

31. 林秀美，〈高醫章程改名　校友再轟家族化〉，《聯合報》／高雄報導，2010.04.19 大高雄綜合新聞 B2 版。

32. 林瑩秋，〈高醫是陳啓川家「私人事業」？董事會與校方互鬥五十年！〉，收錄於《財訊》雙週刊第 358 期，臺北：財訊雜誌社。

33. 林佳蓉，〈新世代消費合作社結合關係行銷之策略探討──以主婦聯盟生活消費合作社爲例〉，《逢甲合作經濟》第 35 / 36 期，臺中：逢甲大學，2004 年。

34. 邱俊英，〈從思想近視到老花談合作社組織體檢〉，《合作經濟》第 100 期，臺北：中國合作學社，2009 年。

35. 胡均發，〈臺灣科學 65 年簡史〉，《臺灣科學》第 48 卷第 2 期（臺北，1995 年）。

36. 胡均發，〈臺灣省科學振興會創立滿六十年會慶之回顧與展望〉，《臺灣科學》第 43 卷，臺北，1990 年。

37. 胡瑞發，〈不忍‧難捨〉，《胡均發紀念集》，臺北：家屬出版，2000 年。

38. 洪麗完，〈岸裡大社土官潘氏家族興替之考察〉，收錄於《臺中縣岸裡社開發史》，臺中：臺中縣立文化中心，1986 年。

39. 柯志明，〈從權力組織與土地利益安排的形成與演變看平埔族地域社會的內部整合與衝突：以岸裡社群爲案例的分析〉，發表於第二屆「族群、歷史與地域社會暨施添福教授榮退」學術研討會，臺北：中央研究院臺灣史研究所，2009/11/12～13。

40. 孫炳焱，〈關於《公元二千年的合作社》之論旨及含義〉，收錄於《公元二千年的合作社》，臺中：中華民國儲蓄互助協會，1985 年。

41. 孫炳焱，〈現代社會經濟問題與合作運動〉，《信用合作》第 85 期，臺北：中華民國信用合作社聯合社，2005 年。

42. 孫炳焱，〈以消費合作社爲中心的生活改革〉，《合作經濟》第 49 期，臺北：中國合作學社，1996 年。

43. 孫炳焱，〈世界合作運動的時代意義〉，《合作經濟》第 91 期，臺北：中國合作學社，2006 年。

44. 孫炳焱，〈從合作的本質探討臺北十信事件〉，《信用合作》第 4 期，臺北：中華民國信用合作社聯合社，1985 年。

45. 孫炳焱，〈合作制度與社會福利〉，《社會安全》第 5 卷第 2 期，臺北：中國社會安全協進會，1984 年。

46. 孫炳焱，〈日本合作組織因應高齡化社會之過程與現況之研究〉，《合作經濟》第 90 期，臺北：中國合作學社，2006 年。

47. 孫炳焱，〈無私的合作運動者〉，《合作經濟》第 99 期，臺北：中國合作學社，2008 年。

48. 孫炳焱，〈資本主義下的消費者保護組織——消費合作社的功能、經營及其展望〉，脫稿於 1991 年 3 月 8 日，臺北：國立淡水商工演講。

49. 孫炳焱，〈論合作社原則的演進及一九九五年新合作社原則之含意〉，收錄於《世界變遷下的合作社基本價值》，臺北：中華民國合作學社，2003 年。

50. 唐錦秀、胡會豪，〈社員參與、消費價值與社員滿意度關係之研究——以臺灣主婦聯盟生活消費合作社為例〉（上篇），《合作經濟》第 100 期，臺北：中國合作學社，2009 年。

51. 許宏彬，〈誰的杜聰明？從科學家的自我書寫出發〉，刊於《臺灣社會研究季刊》，第 54 期，2004 年。

52. 梁玲菁、唐錦秀，〈臺灣主婦聯盟生活消費合作社之發展模式分析——學習組織與陪伴組織〉，《合作經濟》第 93 期，臺北：中國合作學社，2007 年。

53. 葉海煙，〈臺灣人的精神剖析〉，收入於《型塑臺灣人的精神》，臺北：前衛出版社，2008 年。

54. 郭迪賢，〈論合作社的社會責任〉，《合作經濟》第 93 期，臺北：中國合作學社，2007 年。

55. 黃麗安，〈蔣介石抵臺初期的學術政策——以中研院為考察中心〉，發表於《蔣中正研究學術論壇——遷臺初期的蔣中正 1949～1952》會議手冊，臺北：中正紀念堂。

56. 陳隆志，〈序〉，收入吳英明、林德昌，《非政府組織》，臺北：商鼎文化，2001 年。

57. 陳金貴，〈在非營利組織社會企業化經營探討〉，《新世紀智庫論壇》第 19 期，臺北：財團法人臺灣新世紀文教基金會，2002 年。

58. 陳來紅，〈從我們的合作社——探討三位一體的共同關係〉，《綠主張月刊》第 77 期，臺北：有限責任臺灣主婦聯盟生活消費合作社，2010 年 2 月。

59. 陳秀枝，〈從 2010 年回顧來談合作社的影響力〉，《綠主張月刊》第 88 期（臺北：臺灣主婦聯盟生活消費合作社），2011 年 1 月，頁 10～11。

60. 陳佳容，〈自治與自立報告之回應〉，《第八屆亞細亞姐妹會交流年會手冊》，臺北：主婦聯盟生活消費合作社，2008 年。

61. 陳曼麗，〈向上推政策，向下做行動——與〉，《綠主張》第 82 期，臺北：主婦聯盟生活消費合作社，2010 年 7 月。

62. 陳曼麗，〈董事長的話：結成好伙伴 捍衛優環境〉，《主婦聯盟環境保護基金會 2010 年報》，臺北：該會。

63. 陳洺薇、江慧真、陳志祥，〈國是會議訂明年「振興棒運元年」 朱立倫

　　領軍　馬：傾舉國之力救職棒〉《中時電子報》/臺北報導 2009.12.02 01:28
　　（2009.12.17 上網）。

64. 陳秋坤，〈清代臺灣農村土地利用和租佃關係——以岸裡社的土地經營為
　　例（1740～1820）〉，收錄於王正雄，《中縣開拓史學術研討會論文集》，
　　臺中：臺中縣立文化中心，1994 年。

65. 陳靜夫，〈基督教社會主義學派與合作運動〉，《合作發展》，臺中：臺灣
　　省合作事業管理處，1993 年 1 月。

66. 張之傑，〈臺灣綜合性科普刊物之回顧與展望〉，收錄於《國家圖書館館
　　訊》（臺北：國家圖書館，2008 年）。

67. 張之傑、劉昭民，〈臺灣的科研不是日本人奠定的〉，收錄於《科學月刊》
　　第 375 號，臺北：科學月刊雜誌社，2001 年 3 月。

68. 蔣渭水，〈臨床講義〉，《臺灣文化協會會報》第一號（臺北：臺灣文化協
　　會），1921.11.25。

69. 劉廣定，〈日據時代的臺灣化學研究〉，收錄於《第五屆科學史研討會論
　　文集》（臺北：中央研究院國際科學史委員會發行，1999 年）。

70. 賴建誠，〈日據時期臺灣的合作經濟制度：1914～45〉，《清華學報》第
　　18 卷第 2 期（新竹：清華大學，1988 年）。

71. 賴建誠，〈日據時期臺灣的合作經濟制度〉，收錄《近代中國的合作經濟
　　運動》，臺北：正中書局，1990 年。

72. 謝秉昌，〈臺灣省科學振興會改組成立大會紀錄〉，《臺灣科學》第 11 卷
　　第 3 期，1957 年。

73. 謝麗芬，〈世界上成立最早的消費合作社——羅盧戴爾公平先驅社〉，李
　　永志編，《94 年臺灣主婦聯盟生活消費合作社法規彙編》（臺北：臺灣主
　　婦聯盟生活消費合作社，2005 年）。

74. 謝麗芬，〈緣起與沿革〉，收錄於李永志，《94 年臺灣主婦聯盟生活消費
　　合作社法規彙編》，臺北：臺灣主婦聯盟生活消費合作社，2005 年。

75. 鍾京佑，〈全球治理與公民社會：臺灣非政府組織參與國際社會的觀
　　點〉，《政治科學論叢》第 18 期（臺北：國立臺灣大學出版委員會，2003
　　年）。

76. 顏朝邦，〈迎接六十週年、謹表萬分賀意〉，《臺灣科學》第 43 卷，1990
　　年。

77. 顏朝邦，〈編輯雜記〉，《臺灣科學》第 4 卷合併號，1950 年。

78. 顏朝邦，〈本會消息〉，《臺灣科學》第 2 卷第 2 期，1948 年。

79. 蕭新煌，〈全球民間社會力——臺灣非政府組織與國際社會的改革〉，收
　　錄於吳英明、林德昌主編，《非政府組織》，臺北：商鼎文化，2001 年。

80. 蕭新煌，〈臺灣都市生活的前現代、現代與後現代——一個社會學家的觀

察〉，收錄於臺北市立美術館，《後現代美學與生活》，臺北：該館，1996年。

81. 蕭新煌，〈基金會在臺灣的發展史、現況與未來的展望〉，收錄於官有垣，《臺灣的基金會——在社會變遷下的發展》，臺北：洪健全基金會，2003年。

82. 顧忠華，〈二十一世紀非營利與非政府組織的全球化〉，收入吳英明、林德昌，《非政府組織》（臺北：商鼎文化，2001年）。

（二）報紙

1. 《經濟日報》
   李淑慧，〈王又曾力霸王朝　面臨崩解〉，2007.01.07，聯合新聞網。

2. 《中時電子報》
   陳洛薇、江慧真、陳志祥，〈國是會議訂明年「振興棒運元年」　朱立倫領軍　馬：傾舉國之力救職棒〉《中時電子報》／臺北報導 2009.12.02 01:28。

3. 《自由電子報》
   林良哲，〈老市長再捐車　守護臺中〉（臺中：自由電子報，2008/1/11）。

4. 《TVBS 電子報》
   TVBS 電子報，〈議員收回扣案 50 人起訴歷年最多〉，2004/9/2。

5. 《中國時報》
   丁學偉，〈全聯社弊案　張啓仲等七官商被訴〉，1998/7/17，第 1、8 版。
   丁學偉，〈全聯社弊案　張啓仲等七官商被訴〉，1998/7/17，第 1、8 版。
   楊天佑，〈全聯社弊案　張啓仲獲判無罪　李玉梅刑期 15 年〉，1999/7/09，第 8 版。
   楊天佑，〈全聯社弊案　張啓仲獲判無罪　李玉梅刑期 15 年〉，1999/7/09，第 8 版。

6. 《聯合報》
   方亭，〈司機沒溫飽　乘客沒信心〉，2003/10/19，A15 版「民意論壇」。
   王淑珍，〈世界第六大富翁　有何貢獻〉，1989/9/29，生活第 5 版。
   李曜丞、洪敬浤、金武鳳，〈薪酸工運　學運團體聲援〉，2003/10/26，綜合 A11。
   楊育欣，〈人才外流　撞球名將吳珈慶改入大陸籍〉，「聯合新聞網　國內要聞」，2011.04.21，2011/4/22 上網。
   蕭白雪、蘇位榮，〈王家兄弟哭罵王又曾〉，臺北：聯合報，2008.1.16，綜合 A1。

7. 《聯合晚報》
   董介白，〈全聯社案二審逆轉 2 人無罪　無法認定翁讚暹及李玉梅行受賄　另 7 人維持無罪原判〉，臺北：聯合晚報，2001/12/31，第 5 版。

8. 《今日新聞》

   林思慧，〈環保署將嚴格控管塑化劑 DEHP 升爲第一類〉，NOWnews 今日新聞，2011.06.05

9. 《蘋果日報》

   【綜合報導】，〈馬英九　封殺國光石化〉，2011/04/23。

五、電腦網路資料

（一）個人文章

1. 柯志明，〈岸裡社的私有化與階層化：賦役負擔與平埔族地域社會內部政經體制的形成和轉變〉（臺南：成功大學歷史學系——學術與研究成功大學史學專題講座，2010/10/12），http://www.his.ncku.edu.tw/getfile/I_2010 1004082026_2.pdf，2011/3/25。

2. 柯志明，〈「社會抗爭與精英轉型：清代臺灣番政變革與平埔族社會的內部衝突，以岸裡社爲案例的分析」演講簡介〉（臺北：中研院社會所「週五論壇」演講公告，100 年 1 月 21 日），nthuhsssa.blogspot.com/2011/01/121.html，2011/3/25。

3. 陳金貴，〈非營利與社會資本〉，www.ntpu.edu.tw/pa/news/93news/attachment/.../1228-4.doc，2011/3/1。

4. 劉新圓，〈什麼是文化創意產業〉（臺北：財團法人國家政策研究基金會「國家研究報告」2009/5/3），教文（研）098～005 號，http://www.npf.org.tw/post/2/5867，2011/2/27 上網。

5. 顧忠華，〈社會資本理論與非營利組織——研究構想與心得〉爲國科會《從社會資本理論探討臺灣第三部門之發展問題》專題研究之後續發表。見www.ntpu.edu.tw/pa/news/93news/attachment/.../1228-7.doc，2011/5/30。

6. 王駿〈我見我思——徐柏園與剝蕉案（四）〉（臺北：中國時報，2009.04.15），blog.udn.com/tel2366/2851019（2010/6/20 上網）。

7. 曹永奇，〈社會企業的社會經濟運作之探討——以主婦聯盟生活消費合作社爲例〉，臺北：國家圖書館「臺灣博碩士論文知識加值系統」，頁「摘要」。http://ndltd.ncl.edu.tw/cgi-bin/gs32/gsweb.cgi/ccd=K7vE_r/search #result，2011/5/24。

8. 陳來紅，〈性別主流化與女性主義〉，臺北：銘傳大學通識教育中心「當代思潮與臺灣發」課程 2004 年 05 月 21 日專題演講（臺北校區 B901），www.mcu.edu.tw/department/genedu/2echelon/.../2-02-3-3.htm，2011/4/26。

（二）網站資料

1. 臺灣農學會網站，http://www.aat2008.org.tw/，2011.01.08 上網。

2. 臺灣醫學會網站，http://formosan.mc.ntu.edu.tw/，2011.01.08 上網。

3. 臺灣主婦聯盟生活消費合作社網站，「我們合作社」http://www.hucc-coop.tw，2011/2/28 上網。

4. 彭婉如文教基金會網站，http://www.pwr.org.tw/index.aspx，2011/6/1 上網。

5. 行政院主計處網站，http:/www.dgbas.gov.tw，2011/2/28 上網。

6. 大陸「烏有之鄉網站」網站，http://www.wyzxsx.com/Article/Class4/201102/217014.html，2011/4/30 上網。